关爱未成年人健康成长系列

让你自由高飞的心理密码

广州市精神文明建设委员会办公室 编
韦志中 阴越 著

广州新华出版发行集团
广州出版社

图书在版编目（CIP）数据

让你自由高飞的心理密码／广州市精神文明建设委员会办公室编. —广州：广州出版社，2015. 8（2022. 5 重印）
（关爱未成年人健康成长系列）
ISBN 978-7-5462-2131-1

Ⅰ. ①让… Ⅱ. ①广… Ⅲ. ①青少年—心理健康—健康教育 Ⅳ. ①G479

中国版本图书馆 CIP 数据核字（2015）第 102526 号

书　　名　让你自由高飞的心理密码
　　　　　Rang Ni Ziyou Gaofei de Xinli Mima
编　　者　广州市精神文明建设委员会办公室
著　　者　韦志中　阴　越
插　　画　刘天锁　韩晓曦
出版发行　广州出版社
　　　　　（地址：广州市天河区天润路 87 号 9 楼、10 楼　邮政编码：510635
　　　　　网址：www. gzcbs. com. cn）
责任编辑　柳宗慧　董　平　李碧梅　田宇星
文字编辑　刘雅丽　宁云锋　赵晓彤
责任校对　欧瑞平　蒋美秀
装帧设计　柳国雄
排版设计　奔流文化
印刷单位　广州市快美印务有限公司
　　　　　（地址：广州市白云区广从五路 410 号一楼 103 房、二楼、五楼部分
　　　　　邮政编码：510545）
规　　格　787 mm×1092 mm　1/16
印　　张　15. 5
字　　数　190 千
版　　次　2015 年 8 月第 1 版
印　　次　2022 年 5 月第 6 次
书　　号　ISBN 978-7-5462-2131-1
定　　价　42. 00 元

发行专线（020）38903520 38903521

编委会名单

主编

甘 新

副主编

冯建标 韦志中 阴越

编委（按姓氏笔画排序）

韦志中 甘 新 冯建标 刘 辉 阴 越

李 滨 郭德焱 曾小穗 鲍 炜 潘晓东

CONTENTS

目录

第一章

我想被爱包围（人际关系篇）

第一节

老师和我

疾学在于尊师。

——《吕氏春秋·劝学》

老师，从上幼儿园时起，就是对我们有着重大影响的人。和老师的相处，是我们生活中最重要的组成部分之一。

如果和老师相处良好，我们在学校里就会觉得有安全感，感觉到有爱，也会有一种归属感。当我们感觉到老师的爱的时候，慢慢地，我们会形成一些好的性格品质，比如信任、宽容、善良、同情、友爱、自尊、自信等。在这个基础上继续发展，我们就很容易学会助人为乐、追求成就、贡献社会、有远大理想等。在充满爱的师生关系影响下，我们会把这种爱在自己身上扩展出来，慢慢也会去爱同学、爱集体、爱祖国等。所以，和老师的关系对我们的影响真的是非常大。

一个人的心理适应，最主要的就是对人际关系的适应。对于我们来说，与教师的关系，有时候甚至超越和父母的关系。在良好的师生关系中，我们会感到被老师接纳了，信任了，就能享受到师爱的温暖，感到自己有价值。我们因此而喜欢集体生活，喜欢社会生活，对人生充满希望。所以，我们需要有愉快、安定、轻松的师生关系。

师生关系的好与不好，也会直接影响到我们的学习成绩。如果我们和老师关系良好，我们对于他们所传授的东西自然就能以开放的心态接受；如果关系差，则会封闭自己的心，学不进去任何东西，这就降低了我们的知识加工能力，造成学习成绩低下。所以，在学校里，我们总是希望能被老师接受、喜欢和欣赏。但是有时候，矛盾仍然会不可避免地出现。

尹飞的故事

上课了，语文教师刘老师走进了教室。眼光一扫全班，唯尹飞不见人影，而桌子底下却散了一地的书本文具。教室里好像刚刚发生了什么事？学生们的眼睛齐刷刷望着刘老师，这些眼神中充满了疑惑和探询。尹飞又怎么啦？刘老师心里打了一个问号，但没有询问学生，只是要旁边的学生帮着她把地上的书本收拾整齐放在尹飞桌上，平静地按往常一样上课。看到老师没有问什么，学生们也迅速全神贯注上起课来。

大概过了十几分钟。忽然，“砰”的一声，大家吓了一跳，教室门被撞开了，尹飞气冲冲黑着脸大步走了进来。他三两步走到自己座位上，伸出手“呼”的一下把桌子上的书本全推到了地上，“哗啦哗啦”之声一片响。安静的教室顿时乱了，学生们发出一阵“啊”的惊呼，坐在后排的学生甚至站了起来。教了几年书，刘老师还从没见到如此狂妄胆大的学生，这太让人生气了。同学们纷纷议论，甚至有人说：“这下可有尹飞好看了，老师会把他拎到校长办公室去！”听到学生叽叽喳喳地议论，刘老师反而冷静下来，她想，一般情况下学生不会这么胆大，就算尹飞调皮，以前也没发过这么大脾气，今天肯定事出有因。于是，刘老师用镇定的语气说：“同学们，我们继续上课！”学生们逐渐安静下来专心听课，尹飞也坐在位子上不做声，一节课很快过去了。

下课后，学生们都跑去做操了，教室里只剩下刘老师和尹飞。刘老师一边帮尹飞把掉在地上的东西捡起来，一边温和地说：“尹飞，你今天上课这样子表现很不好，有什么意见和不满可以和老师说，可不能摔东西。”尹飞也一边捡一边小声说：“老师，我刚才错了，对不起！刚来学校，班主任就把我叫到办公室批评了一顿，我心里很不服气。所以到教室的时候脾气很大。刘老师您对我这么和气、宽容，我心里很内疚，以后我再也不这样了！”

认识到了错误的尹飞又重新抬起了头，得到了老师的谅解，他又安心快乐地做操去了。

案例分析

在学校，老师和我们之间经常会产生一些大大小小的矛盾，这很正常。因为每个人都有自己的观点和习惯，看问题也有不同的角度，所以无论在什么地方，只要有两个以上的人，就会有分歧，关键是如何去面对和解决。

随着年龄的增长，我们的个性和见识也慢慢增长。小时候，我们对老师是近于盲目的崇拜并且听话的。现在，我们逐渐有了自己的见解和主张，特别是有自己的自尊，不再愿意老师把自己的意见强加于我们头上，或者简单地规定我们不准干什么，不许怎么样。如果老师对我们有呵斥和责骂，只会招来我们的反感和叛逆。

在这个故事中，尹飞首先是因为在班主任那里受到了批评，产生了不满，继而在刘老师的课堂上用没有礼貌的方式宣泄出来，这是不太适当的。幸好刘老师是一位懂得忍耐和理解的老师，她用冷处理的方式，暂时没有和尹飞发生正面冲突。如果那样做的话，恐怕这节课就没有办法上下去了。刘老师在课后首先了解了尹飞生气的原因，然后对他的批评和教育就能被尹飞接受了。

现代教育理念推崇比较民主和平等的师生关系，鼓励教师更多的贴近学生，在相互理解和信任的环境下对学生进行教育。所以，老师最好也能够善于管理自己的情绪，并且及时和同学们沟通。但是这并不是说，我们和老师的关系只能由老师负责，或者我们对老师可以随便对抗，因为如果那样做，老师没有损失，其他同学也没有损失，只有自己有最大的损失。

行动指南

我们和老师的关系，决定了我们在学校能否很愉快地学习，所以无论对我们的成绩，还是对我们的信心，都有着重要的影响。我们应该努力和老师保持良好的关系，顺畅的沟通，打通心结。只有这样，我们才能接受老师传授的有价值的东西——无论是学问，还是做人。

1. 尊敬老师

我国有悠久的尊师重道的传统，古人非常尊重老师，现在的风气虽然没有那么好了，但是我们国家仍然有着尊重老师的文化。与人交往有一个黄金原则：你希望别人怎么待你，你就应该怎样待别人。在与老师的交往中这个黄金原则当然也适用，不要带着对以往一些事情的偏见，也不要当面顶撞老师，尤其在其他同学面前或者上课的时候，当老师误会你时，首先要平静地接受，过后再找老师进行解释。

2. 及时沟通

师者，所以传道授业解惑也。我们对老师应该先以尊敬为重。同时，老师也是人，又不是神，如果他们有错误，我们也应该去包容他们。老师始终喜欢勤学好问的学生，如果你有什么问题，应该积极地去请教他们，老师们通常都会尽量帮助你的。不要害怕老师，要勇于和老师沟通自己的想法和看法，如果逃避问题，事情就不容易解决，已有的误会也会越来越深。

3. 自我调节

有时候，老师对自己有误解也是难免的，批评也是为了端正我们的行为，我们应该有则改之，无则加勉，虚心接受，这样自己能够做得越来越好，受到的批评自然越来越少了，自己也能愉快地生活和学习。毕竟，一切都要从自身做起，而不是从要求别人做起哦！日本有一部电视剧叫《女王的教室》，里面的女教师对学生们非常严厉，所有的学生都被她“整”过，但是结局的时候，这位老师说，她的目的，是让自己变成一堵墙，如果学生们能跨越她这堵墙，今后就能适应更大的挑战。所以有些老师虽然严厉，但却有一颗善良的心，我们不能只看表面，而是要学会理解老师，并且增强自己的耐挫力。自己在这样的环境中，一定会变得更坚强，也更成熟。

附：

测测你的逆反心理

请在与自己情况相符的题前画“√”，不相符的题前画“×”。

（　　）1. 你不喜欢按照别人说的去做吗？

（　　）2. 你是否认为绝大多数规章制度是不合理的，应该废除？

（　　）3. 如果父母一再叮嘱同一件事，你会厌烦吗？

（　　）4. 你欣赏与老师对着干的同学吗？

（　　）5. 你经常考虑事情的反面吗？

（　　）6. 你是否对班干部的指手画脚感到讨厌，而故意不按他的要求去做？

（　　）7. 老师和父母越是要你用功学习，你越是不想学习吗？

（　　）8. 老师的话很多都是有漏洞、有问题的吗？

（　　）9. 你喜欢与众不同吗？

（　　）10. 违反学校里的某些规定使你感到快乐吗？

（　　）11. 别人的批评常常引起你的反感和愤怒吗？

（　　）12. 你是否认为老师有很多缺点和错误？

（　　）13. 对别人不敢干的事你特别想尝试一下吗？

（　　）14. 你喜欢搞一些使被捉弄者感到痛苦或愤怒的恶作剧吗？

（　　）15. 你是否觉得父母和老师不应该为一些小事大惊小怪、小题大做？

（　　）16. 你蔑视权威吗？

（　　）17. 对批评你的人，你都感到讨厌和恼恨吗？

（　　）18. 你是否认为冒险是一种极大的快乐？

（　　）19. 你总是习惯按照大多数人说的去做吗？

（　　）20. 对你认为没有意思的事，别人怎么说你也不会好好去干吗？

（　　）21. 你特别爱做令人大吃一惊的事吗？

（　　）22. 人们对你很不重视吗？

（　　）23. 一旦决定了做一件事，不管别人指出这件事多么的成问题，你也不会改变主意吗？

（　　）24. 你总是对老师表扬的同学感到反感，不想理那个同学吗？

(　　) 25. 你喜欢做一些能引起很多同学注意的事吗?

(　　) 26. 当你被别人说得火冒三丈时，你就故意不按照他说的去做吗?

(　　) 27. 你讨厌那些当班干部的同学吗?

(　　) 28. 你认为上课时出现一些老师没有预料到的情况令人开心吗?

(　　) 29. 对伤了你的自尊心的人，你是否要给他添一些麻烦，让他感到你不好惹呢?

评分规则：

第19题答“√”记0分，答“×”记1分。其余各题答“√”记1分，答“×”记0分。各题得分相加，统计总分。

你的总分——

0～9分：你的逆反心理很弱，这使你只做并且只喜欢做该做的事，不去做不该做的事。

10～20分：你存在一定的否定倾向，激动时你可能丧失理智，意气用事，有时会做一些不该做的傻事。

21～30分：你有相当严重的逆反心理。你所做的事总是与众不同，与习俗和规定不符。如果你不清醒地意识到这一问题，并不努力加以克服，你只能是一个不受大家欢迎的独行者。

小故事

孔夫子的误会

孔子带领他的学生们周游列国，在去陈国和蔡国的路上被困，一连好几天没吃上一顿饭。孔子实在受不住，只好大白天躺下睡大觉，想以此来忘却饥饿。

孔子的大弟子颜回见老师饿得很，心中十分忧伤，心想，老师上了年纪，怎能经得住这般折磨啊！再不想出办法，怕是要出危险了。颜回也没有什么好办法可想，只好去向人乞讨。这一次真是天不绝人，碰上一个好心肠的老婆婆，给了他一些白米。颜回高高兴兴地把米拿回来，急忙把米倒在锅里，砍柴生火，不一会儿，饭就熟了。

孔子这时刚好醒来，突然闻到一股扑鼻的饭香，好生奇怪，便起来探看。刚一跨出房门。就看见颜回正从锅里抓了一把米饭往嘴里送。孔子又高兴又生气：高兴的是有饭吃了，生气的是，颜回竟然如此无礼，老师尚且未吃，他却自己先吃了起来。

过了一会儿，颜回恭恭敬敬地端来一大碗香喷喷、热腾腾的白米饭，送到孔子面前，说："今日幸好遇到好心人赠米，现在饭做好了，先请老师进食。"不料孔子一下子站起身来，说："刚才我在睡梦中见到去世的父亲，他让我先用这碗白米饭祭奠他老人家。"颜回一把将那碗米饭夺了回来，连忙说："不行!不行！这米饭不干净，不能用它来祭奠！"

孔子故作不解地问道："为何说它不干净呢？"颜回答道："刚才我煮饭时，不小心把一块炭灰掉到上面，我感到很为难，倒掉吧，太可惜了，但又不能把弄脏的饭给老师吃呀！后来，我把上面粘有炭灰的饭抓来吃了。这掉过炭灰的米饭怎能用来祭奠呢？"

孔子听了颜回的话，才恍然大悟，消除了对颜回的误解，深感这个弟子是个贤德之人。

思考题：

关于尊师重道，你从这个故事中得到了什么启示吗？

第二节

父母和我

你希望子女怎样对待你，你就怎样对待你的父母。

——伊索克拉底

有人说，英文“Family”的意思是“Father and mother I love you”，即爸爸妈妈我爱你们。确实，家是每个人生活的港湾，温馨的家里有爸爸和妈妈，小小的孩子就可以安全、安心地长大。

爸爸妈妈和我们之间有一种天然的不可分割的联系，对我们来说，和父母的关系是我们一生中最早接触到的社会关系，这个关系会影响我们未来和家庭之外的其他人所建立的关系。父母和我们之间的关爱、良好的情感和沟通，对我们来说是非常重要的。

小的时候，在我们还什么都不会、都不懂的日子里，爸爸妈妈教我们走路、说话，把我们抚养长大，我们也很依恋和依赖父母，很听父母的话。但是，当我们上了学，渐渐开始有了自己的想法，有了属于自己的朋友和同学，人际交往逐渐丰富的时候，我们和爸爸妈妈的关系也在慢慢发生着改变。虽然我们与同伴的交往明显增多，但与父母仍保持着亲密的关系。父母、家庭仍是我们心中的

“避风港”，家长待人处世的态度也在无形中影响着我们。但是，我们的独立性在增强，反抗情绪也慢慢增强了，总希望能独立处理自己认为有能力处理的事情，可在父母眼里，我们始终是不懂事的，需由他们来给我们“掌舵”，所以在不知不觉中，我们开始和父母有一些矛盾了，这些矛盾不仅给爸爸妈妈带来了烦恼，也给自己增加了不小的压力。

柳柳的故事

柳柳过完这个暑假就要念初二了，她给自己的暑假好好计划了一番。其实也没有什么特别的，就是写暑假作业，上网玩玩游戏、聊聊天什

么的。平时妈妈管得可紧了，现在终于放假了，可以美美地放松一下了。可是，妈妈却觉得她整天除了写作业，就是在网上玩儿，太浪费时间了，应该去参加一些更有意义的活动，比如参加英语夏令营啦，或者去哪里旅游一下。可是对于那些，柳柳真的没有太大兴趣，平时学习已经够累了，她觉得待在自己的小天地里，想干什么就干什么，就是最舒服的啦！

这一天吃午饭的时候，妈妈又开始唠叨："柳柳呀，你整天对着电脑，眼睛都要看坏了，你看人家小茹，一大早就出去和她爸爸一起跑步，多好呀！你整天这么待着，又不运动，会越来越胖的，开学以后那些女生又要笑你了……"

柳柳开头还听着，可妈妈越说越多，越来越离谱。柳柳生气了，红着脸站起来说："您烦不烦呀，放假也不能让人安生点儿，这个那个的，您喜欢跑步您自己去跑呀！我就喜欢在家里玩儿，有什么问题呀？！""你这孩子怎么不知好歹呢？妈妈都是关心你，为了你的健康呀，真是不可理喻！""我就是不知好歹！不可理喻！"说完，柳柳饭也不吃了，回到房间"砰"地把门关上了。

下午妈妈回来的时候，看到柳柳房间门口居然贴了一张打印的纸，上面写着："请勿打扰！"妈妈气得无话可说，心想，真是女大不由娘啊！

案例分析

为什么到了十二三岁，我们就开始变得和以前不一样了？以前的乖乖仔和乖乖女仿佛一下换了个人，变成了一个喜欢和父母对着干、脾气古怪又神神秘秘的家伙？其实原因很简单：因为我们在长大，开始寻找独立的自我，按照自己的想法做事。这是我们的第二个"诞生期"，会在心理上出现想要"断奶"的现象，表现为由对父母的依赖转向与父母疏远，由顺从转向倔强。

我们之所以产生这种貌似"叛逆"的心理，第一是因为随着这个年龄段自身的变化，第二性征的出现给我们的心理造成了冲击，我们面对自身的变化常常感到不知所措，从而产生了浮躁和对抗情绪；第二，我们觉得这个时候很多方面已经可以和成年人一样了，因此在面对问题时我们常呈现出一种幼稚的独立性；第三，这个时期我们会对许多东西产生兴趣，想要通过表现个性、追逐潮流来满足自我意识和好奇心；此外，如今我们也面临着各种学习和环境压力，这些也会助长叛逆心理。

同时，有不少父母在心理上也缺乏准备，在相关知识上很少了解，他们把子女远离父母并要求成为一个完全独立的自我，误认为不仁、不义、不孝，因此感到伤心，继而责怪孩子。如柳柳的妈妈就是如此，她很难理解柳柳的做法。所以，在叛逆期里，很多过去看上去不错的“亲子关系”好像一下子出了问题。这个时期，我们和父母的冲突主要是学业、家务、朋友、消费、生活安排、外表、隐私等方面。

在案例中，柳柳觉得自己已经可以独立安排自己暑假的活动了，但是妈妈却仍然习惯性地试图为她做安排。这里面，就不知不觉有了一种类似权力斗争的意味，柳柳在拼命争取自己管理自己的权力，而妈妈却认为她还不能有这种权力。其实，如果柳柳能将自己的喜怒哀乐向妈妈吐露，就不会埋怨父母不理解自己，增强自己的反抗情绪了。而作为妈妈，也不能忽略孩子的存在，进行破坏性的批评，或者强迫孩子做不喜欢做的事，最好放下架子，与孩子平等相处，当孩子的知心朋友，争取成为孩子倾吐心事的对象和安慰者。如果柳柳和妈妈能这样沟通，一定能够过一个大家都满意的暑假。

行动指南

和谐的亲子关系，应该是父母爱子女，学会尊重子女合理的要求，尊重子女的人格，满足其合理需要。在教育中，父母对子女采用民主的教育方式，循循善诱，讲清道理，会用解释、讨论、疏导。孩子在父母的这种教育下，会变得更合作、友善、自控和富于想象力，有较好的适应环境的能力，孩子容易感到安全、有自信心，比管教过严或过松的孩子更活跃、开朗、自然而外向。同时，孩子真爱父母，信任父母，尊重父母，听从父母的教导，这样相互间就能形成和谐的关系。

作为孩子，我们要做到以下几点，以便自己有一个相对愉快的青春期，不要让自己成为一个烦恼的少年。

1. 正确地看待父母

父母对我们恩重如山，我们要经常提醒自己父母对自己的付出，有了感恩的心态，就不容易随意发火，或做出让自己后悔、让父母也难过的事情。

2. 正确地看待自己

了解自己处于成长时期，容易浮躁和叛逆，容易给周围人带来困扰。有了这种心理准备，就要学会自我调节不切实际的理想，不要过高估计自己的能力，因为我们还需要更多的磨炼和智慧，才能真正长大！

3. 学会理智地对待父母的态度和行为

不管他们怎样做，出发点都是为了我们好，所以要心平气和地试图让他们理解我们。就算有些事情上，父母确实有失妥当，我们也应该如《弟子规》中所言的，和颜悦色地提出自己的意见，如果父母不听，就反复规劝，不可自己任性妄为。

4. 学会和父母做有效的沟通

多与父母进行思想交流，谈一些学习生活中的事情和自己的感受，让父母了解自己的生活和想法，同时也了解到父母的思想及其原因，这样才能达到互相深入理解。倾心的交流可以预防问题的发生。

附：

心理小技术：感恩的力量

越来越多的研究指出，保持感恩的态度能够促进心理、情绪和身体的健康。

过去10年来的研究表明，经常感恩的成年人比与之相反的人拥有更多活力、更多乐观、更多社交以及更多快乐，消沉、嫉妒、贪婪或嗜酒的可能性也更小，他们睡眠更好，锻炼更积极，而且抗病毒感染的能力也更强。

如今，研究人员发现感恩也会带给儿童和青少年同样的益处。研究显示，心怀感恩并付诸行动的孩子往往物质追求更少，学习成绩更好，树立有更高目标，头疼脑热时抱怨更少，对朋友、家庭和学校也更为满意。

在一篇将要发表于《幸福研究杂志》的论文中，对1035名中学生进行了调查，发现最懂得感恩的学生朋友更多、成绩更好，而最注重物质追求的学生成绩更差、更容易嫉妒，对生活的满意度也更低。

其实，感恩听起来简单，实际上它是一种要求很高的复合情感，要求人们能够自我反省，勇于承认个人依赖于他人的帮助，并且谦逊地意识到自身的不足。

感恩还让人们克服心理学家所说的“消极倾向”，即沉迷于问题、烦恼和不公平而非乐观情形的固有倾向。对于年龄稍大一些的儿童和成年人来说，培养感恩的一个简单方法就是真正地为自己的所得而心存感激。保存日记并定期记录当天感恩的事情，要明确具体。这样做的真正好处在于改变你对世界的感观，寻找可以感恩的事情，然后你将发现它们随处可见。

除了写感恩日记，亲自表达感谢尤其具有作用。一项研究发现，一些做了“感恩拜访”的四年级学生，甚至两个月以后仍对自己感觉良好，尤其是那些此前情绪低落的人。

现在，就让我们来做一场对父母的“感恩拜访”吧！具体方法如下：

1. 给父亲或母亲写一封信，表达对父母真实的感情，要说真心话；

2. 当着父母的面读出这封信；

3. 请父母说出他们听了信以后的看法，大家互相交流一下内心的感受。

试一试，你一定会有不一样的收获，甚至会化解和父母之间的很多小心结哦！

小故事 芦衣顺母的故事

闵损，字子骞，春秋时期鲁国人，孔子的弟子，在孔门中以德行与颜渊并称。孔子曾赞扬他说：“孝哉，闵子骞！”（《论语·先进》）他生母早死，父亲娶了后妻，又生了两个儿子。继母经常虐待他，冬天，两个弟弟穿着用棉花做的冬衣，却给他穿用芦花做的“棉衣”。一天，父亲出门，闵损牵车时因寒冷打颤，将绳子掉落在地上，遭到父亲的斥责和鞭打，芦花随着打破的衣缝飞了出来，父亲方知闵损受到虐待。父亲返回家，要休逐后妻。闵损跪求父亲饶恕继母，说：“留下母亲只是我一个人受冷，休了母亲三个孩子都要挨冻。”父亲十分感动，就依了他。继母听说，悔恨知错，从此对待他如亲子。

思考题：

关于如何对待父母，你从这个故事中得到了什么启示？

第三节

同学和我

一个永远不欣赏别人的人，也就是一个永远也不被别人欣赏的人。

——汪国真

我们来学校是为了什么？学习。但是，学习的内容不光是知识。除了知识，我们还需要学习什么呢？学会做人，学会做人比学习知识更重要。做人最重要的是融入人群，融入人群最重要的是尊重他人，尊重他人实际就是尊重自己。个人的力量微不足道，只有群体的力量才可以撼天动地！

那么，同学到底是什么呢？是与我们共同学习做人，学习知识，发展自己的合作伙伴，是我们共同面对成功与失败的精神支柱，是我们共同走上人生成功之路的互助力量。美国心理学家卡耐基认为：一个人的成功30%靠才能，70%靠人际关系。所以，拥有不同凡响的同学关系就是拥有不同凡响的财富，拥有真挚的友谊就是拥有光辉的未来。

作为同学，大家都是从各个不同的家庭走到一起来的，每个人的生活环境、父母的教养方式各有差异，所以每个人的处世方式也各不相同。世界上没有两片完全相同的树叶，同样世界上也没有两个个性完全相同的人。人的个性是很复杂的，有多少个人存在，便有多少种个性存在。

同学之间产生矛盾、冲突，比较常见的是在兴趣、爱好、观点方面的见解不同所致。其实同学之间的许多矛盾、冲突都是因一些小事引发的，一次口角、一个误会，都可能引发冲突。只要大家心平气和地冷静处理，就可以避免冲突，恢复同学之间的正常关系。如果这些矛盾不及时解决就容易导致矛盾的进一步恶化，甚至产生严重不良后果，如社会上的大学生宿舍投毒事件等。因此，我们要学会化解矛盾，这是让自己和别人都有一个好的学习环境最重要的能力。

马琳的故事

马琳今年13岁，刚上初一。在小学的时候，她的学习成绩比较好。所以上了初中，老师就让她做了学习委员。马琳是个很外向、很开朗的女孩子，比较有个性，思维也很活跃。在班上也是敢说敢做，直来直去。按说她这种特点应该是挺好的，可问题是她有个毛病，就是觉得自己很不错，自以为是，孤芳自赏。和别人说话的时候，不自觉地就有些盛气凌人了。同时，她还特别容易嫉妒别人。有一次，一位女同学上数学课，解出了一道大家都认为很难的题目，老师就很高兴地赞扬了她半天。马琳心里很不是滋味，自己这个学习委员都没做出来，倒给她做出来了。下课以后，她故意跑到那位同学面前说：“你是不是看了什么参考书，偷偷自学了？为什么不和大家分享呢？做人可不能这么自私呀！”气得那位女同学满脸通红。

实际上，马琳自己倒是常常偷偷藏起一些参考书，别人问她问题，也不太愿意帮助。有时说自己不会，去问别人吧！在学校里，她总是显得很轻松，跟大家说不要压力太大，回到家后，自己却拼命复习到很晚。渐渐地，大家也不太相信她的话了。她与同学们说话时咄咄逼人，好像随时都在准备争一个高下，所以与人沟通时，似乎总带着争吵的神态，难以心平气和地交流。

就这样，虽然马琳的学习成绩好，但同学们都不太喜欢她。她想交知心朋友，但同学们对她敬而远之。她发觉自己成了一个不太受人欢迎的“孤家寡人”，看到别的同学们一起嘻嘻哈哈，开心快乐地玩耍，自己却没人理睬，马琳心里感到特别孤独。而且，她所担任的班干部工作常因同学的不合作而不能如愿，受到老师的批评。因此她情绪极受影响，被气哭过几次，想要辞掉学习委员，甚至转学。她很困惑，不知道自己为何做不了一个让人喜欢的人。

案例分析

中学生正处在身心发育的高峰时期，独立意识和自信心逐渐增强。这个故事中，马琳因学习成绩好，思维活跃，加之性格外向，敢说敢做，不隐藏自己的喜、怒、哀、乐，因而说话易得罪同学。她的过于自信使她产生自傲心理，同学因被她瞧不起而远离她。她没有知心朋友来交流思想，以期获得同伴的认可。她为了保护自己的荣誉和自尊，以自私、嫉妒的心理，盛气凌人的态度对待同学，唯我独尊，而她内心又渴望大家对她友善和关爱。这是优等生常出现的人际交往中的心理问题。最后，马琳在同学关系中陷入了麻烦，在学校的人际关系比较差，这都要从自身找原因。

首先，每个人都有被尊重的需要，每个人都有自己擅长的方面。学习好并不能代表所有方面都好，甚至反而有些方面比不上学习一般的同学。所以马琳没有理由认为自己可以骄傲，或者自以为完美而看不起别人。我们应该学会谦卑的处世方法，谦卑的人，每个人都会喜欢。

其次，人与人之间的相处，必须同时顾及双方的感受，不能自我中心。两个自我中心的人一定会有很大的冲突。所以越自我的人，最终会越孤独。可以说，自我中心是一切人际关系问题的来源。所以马琳要学会放低自己，甚至进一步做到先人后己，这样一定会赢得他人的喜爱。

最后，马琳还有一些欺骗、嫉妒等性格上的不良习惯。这些一定要进行改正，因为只有可信的人，人们才愿意和他交往，才相信自己不会受到伤害。嫉妒别人，更会让我们远离优秀的人，对于比自己某些方面好的同学，我们应该赞赏、学习，这样自己也能很快具备相同的能力。

经过老师、家长近一个学期的密切配合与辅导，马琳与同学们的相处和谐多了，朋友也多了，她的心情轻松愉快，对班集体更关心，还能经常与老师谈论自己的想法，并能虚心接受老师的合理建议。同学们都说：“马琳变文静了，还挺招人喜欢的！”

行动指南

当同学之间发生矛盾时，我们应该怎样处理呢？ 建立良好的同学关系应注意以下几个方面：

1. 热情一点，主动一点，去除自我中心

人际关系是互动的，不要总是消极地等待别人来主动关心自己，而要主动地与周围的同学交往沟通。在我们的同学中，他们或开朗、或深沉，或含蓄、或坦率，或豁达、或慎重，其个性是丰富多彩、千差万别的。因此，我们在交往中要学会做个有心人，善于体察他人的心境，主动关心他人，采取不同的方式使他们感受到你的善意和温暖。如经常打水、扫地，为生病或有事的同学打饭、补习功课等。而现在的学生交往中，普遍存在一种“以我为中心”的交往倾向。很多人只强调他人对自己应该承认、理解、接受和尊重，却忽视对等地去理解和尊重他人；只注意自己的目的实现，却无视他人的利益和要求等，这些都是矛盾的根源。

2. 更多理解，更多尊重

每个人都有自己的气质和性格特点、不同的成长背景和生活习惯。所以在与同学交往的过程中，如果能互相理解尊重，大家的关系就容易融洽，也会减少不必要的摩擦。但是，要理解别人不是那么容易的，是需要付出耐心和时间的，但是这种付出一定会带来回报，那就是和他人的良性互动。

3. 真诚最美，宽容最善

人与人的交往，最重要的就是真诚和善意，这也是做人的根本原则。口是心非、虚伪傲慢的人是难以有朋友的。要与周围的人保持良好的人际关系，就必须学会求同存异，具备宽宏豁达的心理品质；就必须多为别人着想，做到坦诚相待。在生活中，我们与朝夕相处的同学有了误会，受到别人不公正的对待、不被别人接纳时，你一定会为之焦虑和烦恼，也一定会影响你的学习、生活及社交关系。如果我

们做到宽宏豁达，也许就会心平气和些，会站在对方的立场考虑问题，会体会他人的心情和感受，误会、委屈就常常会烟消云散，别人也将欣然接受你。

心理小测试：测测你的交友能力

请用“是”或“否”回答下面的问题：

(　　) 1. 你认为和朋友在一起总是很愉快。

(　　) 2. 你能够拒绝朋友一些不合理的要求。

(　　) 3. 你很容易认识新的朋友。

(　　) 4. 假日里你希望和知心朋友出去吗？

(　　) 5. 当你的朋友陷入困境时，总会来找你吗？

(　　) 6. 看到朋友进步、成功、超过你时，你很高兴吗？

(　　) 7. 你与最知心的几个朋友交往好几年了，是吗？

(　　) 8. 你的朋友经常向你诉苦吗？

(　　) 9. 当朋友给你提意见时，你能坦然接受吗？

(　　) 10. 你的朋友经常告诉你他身边的事情吗？

(　　) 11. 你为朋友选的生日礼物他很喜欢吗？

(　　) 12. 到目前为止，你没交错朋友。

(　　) 13. 你会借给朋友一本对你对他都很有帮助的参考书吗？

(　　) 14. 对成绩比你差的朋友，你能坦然给予同别人一样的态度吗？

(　　) 15. 在你忙于做作业时，你能抽空详细回答朋友的提问吗？

得分记录：

“是”1分，“否”0分。

评分说明

★分数在11~15分：人际交往能力较强，大家都喜欢你。

★分数在6~10分：人际交往能力正常，有朋友。

★分数在6分以下：人际交往能力需要改进。

小故事　朋友，只想陪你坐一坐

1962年，作家刘白羽由北京到上海治病。当时他的长子滨滨正患风湿性心脏病，他放心不下，便让滨滨也到上海看病。遗憾的是，由于治疗效果不佳，滨滨的病情不见好转，他本人也要返回北京。万般无奈的刘白羽只得让妻子汪琦送病重的儿子回家。母子俩回北京的当天下午，刘白羽心神不定，烦躁不安。

这时，巴金、萧珊夫妇来到了刘白羽的病房。两人进门后，谁都没有说一句话，默默地坐在沙发上。其实他们非常了解滨滨的病情，都在为他担忧，生怕路上发生意外。病房里静悄悄的，巴金伸手握住了刘白羽微微发颤而又汗津津的手，轻轻地抚摸。萧珊则一边留意刘白羽的神情，一边望着桌子上的电话。突然，电话铃响了，萧珊忙抢在刘白羽之前拿起话筒。当电话中传来汪琦母子已平安抵达北京的消息后，三个人长长地舒了口气，脸上都露出了笑容。

原来，巴金估计那天北京会来电话，怕有噩耗传来，刘白羽承受不了，于是携夫人萧珊专门前来陪伴他。当两人起身告辞时，刘白羽执意要送到医院门口，他紧紧地握着巴金的手，一再表示感谢。巴金却摆了摆手，淡淡地说："没什么，正好有空，只想陪你坐一坐。"

思考题：

什么才是真正的友情？怎样的人才能获得真正的友情？

第四节

朋友和我

最难忍受的孤独莫过于缺少真正的友谊。

——培根

同学们，想必你们都知道“近朱者赤，近墨者黑”的典故。与我们朝夕相伴的，除了家长、师长，就是同学和朋友了。我们中的大部分，做为独生子女，实在是太孤单了。钢筋水泥、高楼深院仿佛给我们构筑了一个个小笼子，而与电视、电脑、游戏机的亲密接触，又使我们与其他的人远离。

在一项“北京市未成年人现状调查”中显示：有20.8%的孩子存在中等程度的孤独，有22.5%的孩子表示“我没有知心朋友”，有45.6%的孩子相信“多数人是不可以信赖的”，有36.1%的孩子有过离家出走的念头。

实际上，世界上没有一个人能够忍受完全的离群而独自生活，人总是要过群体生活的。在人类社会中，每一个人都像葡萄藤上的一根枝杈，其生命完全依赖在主藤上。枝杈什么时候脱离它的主枝，什么时候就要萎缩枯干。社会交往能增强一个人的能力。

经常同他人合作，就能发现自己新的能力。如果不去和他人合作，有些潜伏着的力量是永远发挥不出来的。无论是谁，只要他耐心去聆听，他所交往的人总愿意给予他若干反馈，给予他一定影响。有些信息对他而言可能是闻所未闻，但足以改变他的前程，如果这时他选择吸收，将会对他极有帮助。既然朋友如此重要，那么择友和维持友谊就十分重要了。友谊为我们带来欢乐，但有时也会给我们带来烦恼。当我们缺乏相应的智慧时，友谊就容易受到损害，影响我们和朋友的心情和生活。

小华和小玲的故事

小华与小玲是校友，又是邻居，从小一起长大，经常一起上学、放学，也一起做游戏，是一对大家都

美慕的好朋友。两人的性格比较互补，小玲比较外向，属于活泼开朗的类型，喜欢有话直说，大大咧咧，很豪爽。小华呢，则比较文静，很细心，小玲闹的时候她总是微笑地呆在旁边，不怎么吭声。虽然两人性格差异挺大，但是一动一静倒也合拍，所以它们总是形影不离。可是小华有一个毛病，就是有点小心眼，一点儿小事都能让她生半天的气，也特别能记仇，幸亏小玲为人挺大度，很多事情过了就忘了，所以，这么多年，两人倒也相安无事，相处得挺融洽。

有一天，小华穿了一条新裙子，是妈妈买给她的生日礼物，材质是丝绸的，后面有一个好看的蝴蝶结，裙子很轻很软，是小华最喜欢的粉色。大家都说，这真是一条漂亮的裙子！可是不凑巧的是，放学的时候，小玲无意中撞了小华一下，裙子被小玲的书包扣划出了一条小口子，小华当时就气得哭起来，小玲连忙道歉。可是小华还是很生气，哭哭啼啼回了家，好几天都不理小玲。小玲也开始不高兴了，心想自己只是无心的，还是好朋友呢，至于吗？就这样过了一个月，大家心里都有了疙瘩，面对对方开始感到不自然，一对曾经无话不谈的好朋友就这样慢慢开始疏远了。但有时候，小华和小玲都会时不时想起过去那段友谊深厚的岁月，并且感到很遗憾。

案例分析

这个故事中，小华和小玲两位好朋友，因为一点小事情，就放弃了她们的友谊，这是十分可惜的事情。

中小学生的朋友或同伴，最初是建立在外部条件、或偶然兴趣一致的基础之上的，如住在同一条街道、同一幢楼房，同桌，父母相互熟悉等。后来，他们逐渐建立了新的交往标准：其一，他们倾向于选择与自己的兴趣、习惯、性格和经历相同的人做朋友；其二，他们倾向于选择品行得到社会赞赏的人做朋友，如挑选学习成绩比自己好或能力比自己强的人做朋友。

中小学生的交往一般都是以互惠为基础的。所谓“互惠”，就是互相能够得到认可或者帮助。低年级的学生的互惠是一起玩，一起做事等，高年级学生的互惠是兴趣、态度的一致等，所以，中小学生的交往主要体现在共同参加的活动中。到十二岁左右，我们开始把朋友看作是可供互相交流秘密、可以彼此分享情感和思想的人，并认为，对朋友无需隐瞒，你可以和他讲任何事，可以和他说你不想对别人讲的各种事情。

但是，由于受我们的社会认知能力和品德、心理发展的限制，我们还不能完全理解他人的动机和目的，而是靠自我判断进行反馈，所以同学之间经常出现小摩擦。

在这个故事中，小华和小玲是邻居，又在同一所学校上学，所以经常一起上学、放学，两人的性格也有互补的地方，就这样成为了好朋友，这是很自然的事。但是为了一条裙子，竟然破坏了她们的友谊，这里面最主要的问题，首先，是小华过于计较，太看重自己的东西了，所以不肯原谅朋友。所以，我们要学会培养自己宽大的胸怀。其次，是她们都缺乏化解矛盾的方法。如果能够主动沟通，解释清楚自己的感受和观点，使用一些主动化解矛盾的方法，如写纸条、请别的同学帮忙说声对不起等，一定能够得到对方的谅解。这样，一段美好的友情就能够继续维持下去了。

行动指南

既然朋友和友情对我们很重要，我们就要学会交友。

第一，要提高自身的修养。人们喜欢真诚、热情、友好的人，讨厌虚伪、自私、冷酷的人。对个性品质一般评价最高的是真诚，评价最低的是虚伪。选择朋友，首先考虑的是个性品质，很多同学愿与成熟、热情、坦率、思想活跃、有责任感的人多交往。所以，我们应该努力让自己成为这样的人，成为了这样的人，自然而然就会有人来亲近你，成为你的朋友。

第二，交友要有原则。孔子云：“益友者三，损友者三。友直、友谅、友多闻，益矣；友便辟、友善柔、友便佞，损矣。”意思是说，有益的朋友有三种，有害的朋友也有三种。与正直的人、守信的人、见多识广的人交朋友，是有益的。与谄媚逢迎、两面三刀、花言巧语的人交朋友，是有害的。同时，朋友之间一味地“你好，我好，大家好”并不一定是真正的友谊；敢于批评、坦诚相见，虽然有时可能会忠言逆耳，但这样的友谊是真友谊，时间越长越牢固。所以交友要善交益友，不交损友，乐交诤友。

第三，要去除自我中心。很多人在处理问题和与人交往的时候，总是立足于自我的立场，考虑更多的是自己的利益和需要，却总是很少关心他人的需要，更别说是从别人的立场来看问题了。这样就造成了人际沟通中的理解发生障碍和阻塞。我们平常总说别人不理解自己，自己也不理解别人，主要就是由于我们没有站在对方的角度来看问题造成的。要做到换位思考，在考虑问题之前，我们先问自己下面几个问题——换位思考四步曲：

第一步：如果我是他，我需要的是……

第二步：如果我是他，我不想要的是……

第三步：如果我是他，我的做法可能会是……

第四步：那么，我是在以对方期望的方式对他吗？

第四，保持适当的距离。建立良好人际关系，彼此的心理距离既不能太远，也不能太近。因为在人际交往中，每个人都要求独占一定的空间，它像一个大气泡包围着一个人，因此有的心理学家就形象地称之为“人际气泡”。距离太近了，“人际气泡就会相互挤压，其独立的要求就得不到满足，于是人就有了被侵扰得不舒适感。日常学习生活中，很多同学一度关系很好，无论做什么都要结伴而行，甚至入厕也要同行，可结果往往是好景不长，或渐渐疏远，或不欢而散。其实，这哪里是什么疏远与背叛，很大程度上是对方感觉到“人际气泡”的“拥挤”，想尝试着拉开一点距离。所以适当地拉开一点距离，不仅可以使双方获得足够的心理自由度，感到舒服和自在，还可以增加距离美感，从而让关系更为融洽、和谐。

第五，学会处理冲突。人际交往中的冲突并不一定是坏事，有时它也能起到沟通的作用。冲突往往是短暂的，雨过之后天将更蓝，阳光将更灿烂。如果非要一个劲地压抑着，生硬地回避冲突，友谊也可能渐渐霉变。所以，冲突并不可怕，可怕的是冲突时我们可能会无法控制住自己的情绪和理智而伤害到友情。对此，我们必须牢记这样的原则：即面对对方突发的言行，不能针尖对麦芒以牙还牙，而应该采取谅解与宽容的态度，驾驭住情绪，让智慧支配言行，让善良支配智慧，善待对方，化解冲突。

附：

心理小测试：测测你的人际关系处理能力

你的朋友穿着一件新衣服出现在你的面前。可是，你怎么看都觉得太过花哨，与他很不协调。当他向你征求意见时，你会采取什么行动？

答案：（　　）

1. 无论如何，配合对方心情而赞美他。
2. 实话实说。虽然大家都说赞美的话，但是你却觉得有违良心。
3. 独自痴痴地笑。因为不知该如何回答。
4. 考虑对方穿这件衣服的心情，再委婉地表达自己的意见。

答案分析：

1. 选“无论如何，配合对方心情而赞美他。”

简单地以赞美对方为思考中心，是凡事不违逆他人的典型。虽然对方被赞美，却无法真正感同身受。表面上，似乎人际关系顺畅，其实不然。

2. 选“实话实说。虽然大家都说谄媚的话，但是你却觉得有违良心。”

向对方实话实说，一旦对方心悦诚服，很容易博得别人的好感和信赖。可是，有时这种积极诚实的作风，也会引起相当程度的不好的反应。

3. 选“独自痴痴地笑。因为不知该如何回答。”

所谓的内向型。由于太过消极，人际关系难以展开。而且，经常畏缩胆怯，大多无法与人融洽相处。

4. 选“考虑对方穿这件衣服的心情，再委婉地表达自己的意见。”

在别人眼中是非常客观、冷静的类型。不过，有时太撇清立场，反而会伤害对方的感情。这一类型的人，将自我世界和他人世界截然划分，互不干涉。

小故事 宋庆龄小时候的故事

宋庆龄小时候，一天，全家要到伯伯家做客，走到大门口时，宋庆龄突然停下脚步。“怎么了，孩子？”爸爸奇怪地问。“我不能去了。我已经答应过小珍，今天上午教她叠花篮。”宋庆龄答道。小珍是宋庆龄的同学。“哦，是这样。”父亲松了口气。

“以后再教她吧，今天下午，或者明天，不都可以吗？”“不行不行，我跟她约好的。”宋庆龄忙说。“不要紧，明天再向她解释一下，要不，道个歉也可以嘛。”爸爸继续劝说着。“不，你说过，做人要守信用。要是我忘记了约会，明天向她道歉是可以的。可是，我并没有忘记呀，我不能言而无信。”宋庆龄坚定地说。

宋庆龄送家里人出门后，一个人回到房间里，耐心地等候。她一会儿拿起一本书看；一会儿又坐到琴凳上弹钢琴，平时很熟的曲子，今天却总是弹不准。可是，直到全家人吃过午饭回来，小珍也没有来。妈妈心疼地说：“我的女儿一个人在家，该多没意思啊！”宋庆龄仰起脸回答道：“一个人在家，是很寂寞。可是，我还是觉得很快活，因为，我心中坦然。”

宋庆龄信守诺言，宁可不去伯伯家，也要等候小珍，而且空等一天也心中坦然，这是守信用的表现。

思考题：

关于如何对待朋友，你有没有从这个故事中得到什么启发？

第五节

网友和我

选择朋友要慢，改换朋友要更慢。

——富兰克林

随着电脑、手机的普及，QQ、微信、陌陌等软件的广泛应用，陌生人之间的联系变得空前的方便，于是通过电脑、手机结交朋友十分普遍，对于我们这个年龄的同学们来说，通过网络交朋友也成为一种很普通的事情。

网络一方面扩大了我们的生活空间，使我们可以认识在现实生活中不可能认识的人，从而有了更多人际交往的途径，对于信息和思想的交流机会也增加了，我们可以从有不同生活经历、文化价值观和年龄的网友身上，了解到丰富的人生故事，加快我们对社会的了解，并且能让我们体验到一种平等、新奇和美好。

可是，网络又是一把双刃剑，因为我们自制力还不够，很容易沉溺于网络。网络上的生活让我们分不清真实与虚拟，把对待网络的处世观与情感用于对待现实生活，产生虚幻、错乱，迷失了自我的情形。我们的情绪、情感单纯而丰富，容易在网络中付出真感情，但无法在现实中得以回报，或者沉溺于自我及他人营造的情感世界，并在现实生活中弥散，在现实世界中却没有真正的归宿感，令我们对现实生活中的人失去兴趣、信心。加上我们的防范意识不强，与网友见面也容易受到各种伤害。

波波的故事

波波刚上初二，非常聪明，成绩也不错。对一切新鲜事物充满好奇，是班级网络游戏的高段位选手，但他无心学习，每天背着书包上学，满脑子装的都是游戏。他不屑与周围同学发展友谊，觉得他们太幼稚，却在网上结交了很多对游戏感兴趣的朋友。

有一天，在一个网络游戏中，他认识了一个叫“人

面桃花”的女孩，这个女孩和他打游戏时做搭档，非常默契。慢慢地，他们除了游戏，开始更多地在网上聊天。每天只要一有空，就用手机QQ聊天，到了晚上就在电脑上聊到半夜， 妈妈说他，他也一点不听。就这样，波波天天想着“她”的模样，想“她”是不是在线等自己，“她”会不会继续跟自己交往下去，时间一长，就整日恍恍惚惚，做什么事都不能集中注意力，更没有兴趣与周围其他人交往了。但只要坐到电脑前就神清气爽，聊得忘了时间，忘了一切，他觉得身边没有一个人比“她”脱俗，像“她”那么善解人意。自己在梦里都想着与“她”见面，却又怕配不上“她”而不敢相约。在这样的纠结当中，他的成绩不断下滑，人也特别没有精神，其实他也知道这样下去不行，可是他又实在不知道，该如何从这段“网络情缘”里走出来。

案例分析

波波的经历其实并不特殊，很多同学都或多或少体会过他的这种心情，只是可能没有他这么严重。那么，为什么网络上的人对我们有这么大的吸引力和影响力呢?

首先是新奇。网络中包容了太多的新鲜事物、人物和情感，在网络上交友，对方的面容、性情、家庭、生活背景、职业等情况扑朔迷离，而在现实生活中我们周围的事物、人物都是按部就班生活，我们对他们习以为常，没有什么新鲜感。

其次是能得到关心。在人的需要中，获得交往、得到关爱是每个人正常的社会需要，网络的兴起，为这种需要提供了新的途径。在现实中很多人对他人有戒备之心，不能敞开心扉，所以知心朋友少，交往的需要就很难获得满足。网上交友只要你愿意，24小时都有人在线陪伴你，你可以随时与人交往。而现实中的交往会受到时间、财力的限制，也可能受到朋友双方情绪的影响而有所怠慢，这种反差会造成网络友情更温暖的错觉。

再次，距离产生美。网络上的人总是努力展示优点，掩盖缺点，所以总能保持神秘的美感，让我们感到很愉悦。而现实中，会因彼此熟识而缺少神秘，也会由于缺点的暴露而损伤美好形象。波波就是这样，用自己的想象力把“人面桃花”的优点放大，产生一种“完美感”，所以会不由自主变得很执着。

最后，心灵不设防。在网上维持友谊较简单，也容易找到自尊。因为网友彼此并没有利害关系，只是一个倾诉和言语交流的对象，所以容易敞开心扉。同时，只要自己以诚信对待网友，再有一点才华，就很容易在网上成为知名人物，体验到自尊。如有的同学，本身学习成绩差强人意，在班级中不受重视，但在网络上通过聊天、游戏等可以获得一种成就感，从而获得心灵的满足。

所以，对网络着迷也是可以理解的，但我们必须了解其危害。如果我们在网上的投入过多，甚至有了网瘾，其危害是很大的。

首先，会使孤独感增加。虽然在网络中很热闹，但回到现实中却倍感孤独，因为整天在网上聊天，自己在现实中的交往能力必然下降。其次，会加剧自我迷失感。在网络世界里，我们的表现可以和现实生活中截然不同，展现性格中的另一面。但如果在网上生活过久，会逐渐迷失自己在现实生活中的真实角色。最后，自我约束力降低。由于网络中的彼此不见面，平常不敢说的话可以说了，不能做的事也可在网上实现。因此，网络可以充分暴露和宣泄压抑的需要和欲望。但这种无谓的宣泄带来的后果却是自我约束力的下降，沉迷于其中，正常的生活、学习就无法继续。

行动指南

我们在网上交友，一定要注意几个原则：

1. 谨慎择友

网络上有好人，也有坏人，我们的心智相对成年人或其他复杂的人来说，还是比较单纯的，容易上当受骗。所以交朋友，一定要考察他们是否诚实可靠，不要在还未深入了解的情况下把心交付出去。

2. 适可而止

网友不能代替现实中的朋友，如果我们感到孤单寂寞，就应该去学习交朋友的方法，而不是逃避到非现实的网络中，否则，会让我们在现实生活中遇到更大的问题。我们在网络交友时要适可而止，所说所做的，无论好坏，都不要太极端。

3. 学会自我保护

对于中小学生来说，是不应该约会网友的，这个规定有其法律基础，也有心理学根据。如前所说，“距离产生美”，对事物保持一份神秘，内心就会喜悦，充满期待，这就是精神的力量。否则“见光死”，则不免失望、伤心。请把这份美好暂时保留在心中，等自己长大了，成熟了，再见面时可能会更愉悦。如果由于特殊原因确实要与网友见面，也要遵守相应的安全准则：

（1）时间选择原则。应选择白天，以及自己容易联系到他人的时间，这样如果你见到的网友不是网络上所形容的，就可以很自然地逃之夭夭。

（2）地点选择原则。地点的最佳选择点应该是自己比较熟悉、热闹、容易逃脱的场所。如派出所、医院和家三地的最佳距离点。在这个最佳距离点上你可以随机应变。

（3）带朋友一起去见面原则。在见网友时最好有父母或朋友的陪同。见面后尽量表现自然，不可与对方靠得太近，对自己家的一些情况守口如瓶，注意观察对方的言行、表情，考虑是不是还能继续做朋友。

附：

心理小测试：你的网瘾大吗？

请用“是”或“否”回答下面的问题：

（　　）1. 你是否对网络过于关注（如离开网络后还想着它）？

（　　）2. 你是否感觉需要不断增加上网时间才能感到满足？

(　　) 3. 你是否难以减少或控制自己对网络的使用?

(　　) 4. 你是否对家人或朋友遮掩自己对网络的着迷程度?

(　　) 5. 你是否将上网作为摆脱烦恼和缓解不良情绪(如紧张、抑郁、无助)的方法?

(　　) 6. 当你准备下线或停止使用网络的时候,你是否感到烦躁不安,无所适从?

(　　) 7. 你是否由于上网影响了自己的学习或朋友关系?

(　　) 8. 你是否常常为上网花很多钱?

(　　) 9. 你上网的时间是否经常比预期的要长?

(　　) 10. 是否下线时觉得心情不好,一上网就会来劲头?

得分记录:

"是"1分,"否"0分。

评分说明:

★总分5分以下:网瘾不大,继续保持。

★总分5分和5～7分:网瘾比较大,需要调节。

★总分8分和8分以上:需要诊断是否患了网瘾症,需要找心理老师或医生帮助你。

寓言故事　交友不慎的狗

森林里住着一只狐狸。它时常跑到附近的村子里偷吃。有一天,这只狐狸悄悄地溜进森林附近的村子里。

它碰见了一只看门狗,"你好吗,朋友?"狐狸问。"我很好,谢谢。"狗回应道。

"你为什么待在这儿呢?走吧,我们一起去找好吃的吧。"狐狸说。

狗觉得可以，因为它在主人家连饭都吃不饱。

狗问道："那我们该去哪儿呢？"

"我们去抓些鸡、鸭来吃吧。"狐狸回答道。狗听狐狸这么说，十分高兴。它告诉狐狸它想要一只鸡。"你可以得到的，但你必须帮我。"狐狸说。

"好的。"狗回答道。

于是狐狸带着狗到了不远处的一个农场里。狗非常急切地想吃鸡。"我们现在还不能进去，"狐狸说，"我们得等天黑了才能摸进去，晚上我们就不会被农夫发现了。""那好。"狗说。

到了晚上，狐狸和狗偷偷地潜入农场里。

狗心里忐忑不安，非常担心被农夫抓个正着。"别担心。我曾偷过他们的十多只鸡，从来没被抓住过。"狐狸说。

"那是以前的事，"狗说，"如果碰巧今晚被人发现怎么办？"

"如果被人发现，我们就快快逃跑呀！"狐狸说。"我该往哪里跑呢？"狗问，"我不熟悉这附近其他地方。"

"往森林里跑就行啦！"狐狸回答道，"农场主不会到森林里追你的。""好吧，就听你的。"狗说。

最后，它们来到鸡舍，那天晚上它们很不走运。狐狸和狗都掉进了农场设置的陷阱，它们害怕得大叫起来。

它们的叫声惊醒了睡梦中的农场主。"肯定是狡猾的狐狸来了。"农场主说。他快速起身，下床点亮灯就去了鸡舍。在陷阱里，他发现了一只狐狸和一只狗。

"哼！你自个儿来偷还不够，还带了个朋友来。"农场主说，"你们两个都不是好东西！"农场主拿起一根木棍狠狠地朝狐狸和狗的身上打去。过后，农场主对他的妻子说："这只看门狗能交上狐狸这种朋友，是因为它自己也变成了小偷。"

思考题：

关于如何选择朋友，从这个故事中你得到了什么启示？

第二章

我要做情绪的主人（情绪管理篇）

第一节

应对愤怒

能控制好自己情绪的人，比能拿下一座城池的将军更伟大。

——拿破仑

心情就像是天气，每天、每时、每刻都在变化。现在的你，心情怎样呢？是欢乐、烦恼、生气、担心、害怕、难过、失望还是平静呢？还是你也根本搞不清自己的心情？一早起来，你可能因为看到阳光普照而心情愉快，也可能因为细雨绵绵而心情低落；你也许因为逃课没被点到名而高兴，然而考试快到又让你很担心……

在成长的历程中，我们有很多开心的时刻，也有很多伤心、愤怒、郁闷的时候。这些喜、怒、忧、悲、恐、惊等，都是人的情绪表现。日常生活中，随时随处都会有情绪存在，一切活动都会打上情绪的印迹。人们就是在这五彩缤纷的情绪世界里，体味着人生百味。情绪就如同过山车，可以把我们带到很High的高点，也可以把我们打入低沉的谷底。特别是，当我们对情绪失去控制的时候，我们会因为负面情绪冲昏了头脑，而做出很多不理智的事，从而对自己的学习和生活造成困扰，带来麻烦。因此，学会对自己的情绪进行管理，是每个人一生的功课。

安勇的故事

安勇今年初二，他不仅学习成绩好，而且人长得也比一般同学高大、帅气，他继承了爸爸的爱好，打得一手好篮球。进学校没多久，就被体育老师选中，做了学校篮球队的主力，颇受同学们的瞩目和欢迎。可是，他什么都好，就是脾气火爆，一点就着，所以同学们都有点怕他。

今年的校际篮球运动会上，开始他一直发挥得

不错，连连投球得分，赢得阵阵掌声，尽管对方对他“死盯”，却依然挡不住他得分的势头，他越战越勇，心中不免有些得意。但好景不长，就在这时，对方一名队员对他故意使了个绊子，安勇一没留意，重重地摔了一跤，他顿时火冒三丈，跳起来照对方劈脸就是一拳，把对方打得鼻血直流，全场顿时一片哗然。他因此被裁判罚下场。失去了主力，全队的士气都受到重挫，致使这场开局很好的比赛最终以失败告终。

安勇很沮丧，面对队友和老师失望和责备的眼神，他也搞不明白，自己为什么就那么冲动，为什么就不能忍一忍呢？因为这件事，安勇别提多郁闷了，整整一个月都不开心。

案例分析

这个故事中，安勇因为愤怒而做了错事，导致自己和整个团队失败。愤怒，就是我们平时说的“生气”，是人的一种正常情绪表现，但一旦过度，就会成为一种消极的习惯，会在与人相处时产生很多的摩擦和问题。经常性的愤怒，成年后还会给自己带来头痛、胃病、心脏病和高血压等身体疾病。

在人的一生当中，青少年时期可以说是一个“烦恼增殖期”， 因为我们处于身心发展半幼稚半成熟的过渡时期。这个时期，情绪体验与情绪表现特别强烈，其特点是：

1. “少年心，海底针”，情绪反应强烈，变化迅速，但不持久，理智调节、控制能力有限。时而富有激情和热情，既愿意为目标和理想不惜代价地付出一切，也会因为小矛盾而冲动伤人。

2. “我是容易受伤的孩子”，情绪比较脆弱，容易波动。受到挫折就会沮丧、紧张和焦虑。容易出现两极性，从一个极端到另一个极端。如成功时容易骄傲，沾沾自喜；受到批评时容易灰心丧气；失败时容易自卑。

3. “人人都是林黛玉”，敏感，多愁善感。会陶醉于幻想中，若陷于消极情绪中不能自拔，则可能产生心理问题和精神障碍。

4. “问世间，谁懂我心”，情绪具有半隐蔽性，会掩饰自己的情绪感受，尤其在青春期后期，不愿意向别人暴露自己的内心感受。因此，有时消极情绪不能被及时发现可能会造成严重后果，如自杀等。

行动指南

认识情绪

人类的情绪表现多种多样、千姿百态，很难说清人类究竟有多少种不同的情绪。不过，情绪大体上可以分为两类：一类是积极情绪，另一类是消极情绪。在积极的情绪状态下（如快乐、喜欢），自然会产生高兴、愉快的心境，这有利于我们身心的发展。而在消积情绪状态下（如恐惧、愤怒、痛苦、忧虑、难过、讨厌），消极的情绪会减弱人的体力与精力，易感到劳累、精力不足、没兴趣、思维迟钝、判断能力下降。消极的情绪还会降低人的自控能力，遇事易冲动、不理智，常会做出一些令自己事后后悔的事。

消极情绪都有什么危害呢？历史上有个著名的医师叫阿维林纳，他对动物的生存环境做过一个试验。他把两只小羊在不同的条件下喂养，其中一只放在离狼笼子不远的地方，由于经常恐惧，这只小羊逐渐消瘦，身体衰弱，不久即死了；而另一只小羊因为放在比较安静的地方，没有狼的恐吓，而健康地生存下来了。可见，我们都要避免经常处于消极情绪状态。

管理情绪

管理情绪三步曲：What—Why—How

第一步：What——我现在有什么情绪？

虽然我们每天都有很多情绪出现，但是由于我们不习惯注意它们，或不自觉地压抑感觉，有时候我们会认为有些情绪是不好的，因此常常忽略我们真实的感受。你是不是有过这种经验，就是突然因为一件小事，我们大发脾气，此时，我们才发现自己其实对那个人或那件事生气很长时间了？除了察觉我们的情绪，我们还要学着接纳自己的情绪。情绪没有好坏之分，只要是我们真实的感受，我们就要学习正视并接受它。只有这样才有机会掌握情绪，而不会被情绪所左右。

第二步：Why——我为什么会有这种感觉（情绪）？

我为什么生气？我为什么难过？我为什么觉得挫折无助？我为什么……找出原因我们才知道这样的反应是否正常，找出引发情绪的原因，特别是内心是什么样的想法导致了我们有这样的反应，我们才能对症下药。比如别人拿了你的东西，你认为他应该先礼貌地问你一声，这时“每个人都应该有礼貌”就是让我们生气的念头。找到它！

第三步：How——如何有效处理这种情绪？

想想看，可以用什么方法来纾解自己的情绪呢？有很多方法可以改变心情，以下几种都很有效：

1. 注意力转移法

把注意力从引起不良情绪的事情转移到其他事情上，让自己从消极情绪中解脱出来。转移注意力可以通过改变注意的焦点来达到目的。比如当自己情绪不好时，可以做一些自己平时感兴趣的事，如画画、下棋、听音乐、看电影、读书等健康而有意义的活动，使自己从消极情绪中解脱。转移注意力还可以通过改变环境来达到目的。当自己情绪不理想时，到室外走一走，到风景优美的环境中玩一玩，会使人精神振奋，忘却烦恼。

2. 合理宣泄法

我们都在电视或电影中看到过这样的镜头：某人因有不良情绪，便跑到旷野、海边、山上无拘无束地喊叫，或者拼命地击打树木，或者狂奔。这就是合理发泄情绪。合理发泄情绪是指在适当地场合，用适当的方式，来排解心中的不良情绪，发泄可以防止不良情绪对人体的危害。它的方式有以下几种：

■ 适当地哭一场。从科学的观点看，哭是自我心理保护的一种措施，许多人哭过一场后，痛苦、悲伤的情绪就会减少许多。

■ 痛快地喊一回。当受到不良情绪困扰时，不妨痛快地喊一回。通过急促的、强烈的、无拘无束的喊叫，将内心的积郁发泄出来。

■ 向亲朋好友倾诉衷肠。向朋友诉说是一种良好的宣泄方法。把不愉快的事情隐藏在心中，会增加心理负担。找人倾诉烦恼、诉说衷肠，不仅可以使自己心情舒畅，而且还能得到别人的安慰、开导并找到解决问题的方法。

■ 进行运动。当一个人情绪低落时，往往不爱动，越不动情绪就越低落，容易形成恶性循环。因此可以通过跑步、打球等体育活动改变不良情绪。

当然，合理发泄情绪不同于放纵自己的感情，不同于任性和胡闹。如果不分时间、地点、场合而随意发泄，既不会调控好不良的情绪，还会造成不良的后果。

3. 认知调节法

每种情绪变化都源于某个想法。明白这一点为什么如此重要呢？如果我们追根溯源，找出产生某种情绪变化的思想根源，那么就可以对这一思想根源的真实性或准确性加以分析，然后就可以通过改变我们的思想来改变我们的情绪。比如，因为考试失败而难过是正常的，但如果一直情绪低落，内心觉得自己是个“失败者”，这就是想法有问题了。我们如果把“我这次考试失败了，说明我是个失败者”转变为“我这次考试失败了，有成有败很正常，下一次考好就行了”，情绪就会大不一样了。

总之，每个人在一生中都会遇到各种不良情绪的刺激和伤害，积极的方法是及时调节和消除不良情绪。情绪的宣泄要做到有理、有度，既不损害他人，也不损害自己，做到了这一点，快乐就掌握在你的手中。

附：

情绪小测试：你的情绪稳定吗？

(　　) 1. 我有能力克服各种困难。A. 是的　B. 不一定　C. 不是的

(　　) 2. 猛兽即使是关在铁笼里，我见了也会惴惴不安。A. 是的　B. 不一定　C. 不是的

(　　) 3. 如果我能到一个新环境，我要　A. 把生活安排得和从前不一样　B. 不确定　C. 和从前相仿

(　　) 4. 我一直觉得我能达到所预期的目标。A. 是的　B. 不一定　C. 不是的

(　　) 5. 我以前敬佩的老师，到现在仍然令我敬佩。A. 是的　B. 不一定　C. 不是的

(　　) 6. 不知为什么，有些人总是回避我或冷淡我。A. 是的　B. 不一定　C. 不是的

(　　) 7. 我虽善意待人，却常常得不到好报。A. 是的　B. 不一定　C. 不是的

(　　) 8. 在大街上，我常常避开我所不愿意打招呼的人。A. 极少如此　B. 偶尔如此　C. 有时如此

(　　) 9. 当我聚精会神地欣赏音乐时，如果有人在旁边高谈阔论，A. 我仍能专心听音乐　B. 介于A. C. 之间　C. 不能专心并感到恼怒

(　　) 10. 我不论到什么地方，都能清楚地辨别方向。A. 是的　B. 不一定　C. 不是的

(　　) 11. 我热爱我所学的知识。A. 是的　B. 不一定　C. 不是的

(　　) 12. 生动的梦境常常干扰我的睡眠。A. 经常如此　B. 偶尔如此　C. 从不如此

(　　) 13. 季节、气候的变化一般不影响我的情绪。A. 是的　B. 介于A. C.之间　C. 不是的

计分标准：

1. A. 2	B. 1	C. 0
2. A. 0	B. 1	C. 2
3. A. 0	B. 1	C. 2
4. A. 2	B. 1	C. 0
5. A. 2	B. 1	C. 0
6. A. 0	B. 1	C. 2
7. A. 0	B. 1	C. 2
8. A. 2	B. 1	C. 0
9. A. 2	B. 1	C. 0
10. A. 2	B. 1	C. 0
11. A. 2	B. 1	C. 0
12. A. 0	B. 1	C. 2
13. A. 2	B. 1	C. 0

评分说明

★17～26分：情绪稳定

你的情绪稳定，性格相对同龄人成熟，能面对现实；通常能以沉着的态度应对现实中出现的各种问题；行动充满魅力，有勇气。

★13～16分：情绪基本稳定

你的情绪有变化，但变化不大，能沉着应对现实中出现的一般性问题。然而在大事面前，有时会急躁不安，受到环境的影响。

★0～12分：情绪激动

你的情绪较易激动，容易产生烦恼；不容易应对生活中遇到的各种阻挠和挫折；容易受环境影响；不能面对现实，常常急躁不安，身心疲乏，甚至失眠等。要注意控制和调节自己的心境，使自己的情绪保持稳定。

小故事 林肯管理情绪的妙招

一天，陆军部长斯坦顿来到林肯那里，他很生气，因为一位少将用侮辱性的话指责他偏袒了一些人。林肯建议斯坦顿立刻写一封内容尖刻的信，以回敬那个家伙。

“可以狠狠地骂他一顿！”林肯说。

斯坦顿马上写了一封措辞强烈的信，然后拿给总统看。

“对了，对了！”林肯高声叫好，“要的就是这个！好好训他一顿，写得真是绝了，斯坦顿。”

但是当斯坦顿把信叠好装进信封里时，林肯却叫住他，问道：“你要干什么？”

“寄出去呀！”斯坦顿有些摸不着头脑了。

“不要胡闹！”林肯大声说，“这封信不能发，快把它扔到炉子里去！凡是生气时写的信，我都是这么处理的。这封信写得好，写的时候你已经解了气，现在感觉好多了吧，那么就请你把它烧掉，再写第二封信吧！”

思考题：

这个小故事中，林肯用什么方法帮助斯坦顿将军来管理情绪？这属于情绪调节的哪一类方法？

第二节

应对焦虑

智者的坚定不过是把焦虑深藏于心的艺术。

——拉罗什富科

焦虑，是我们每个人都会有的一种情绪和感觉。可以肯定的是，那种感觉并不太舒服。现在的社会，大人们都很焦虑，他们要生存，要竞争，好像总有做不完的事情、担不完的心。而学校里的我们，也不是那么无忧无虑，也同样不能避免受到焦虑的影响。学习好的有学习好的焦虑，学习差的有学习差的焦虑，总之就是不能轻松和自在，这是为什么呢？

焦虑是每个人都会有的一种情绪，它是一种内心的不安或恐惧，有时候有原因，有时候看起来却是无缘无故的。一般说来，它是人们遇到某些事情如挑战、困难或危险时，出现的一种正常的情绪反应。焦虑让人感到紧张、不愉快，甚至痛苦，严重时还会引起头痛、腹泻等问题。

其实，遇到重要的事情，紧张、焦虑都是很正常的，它能帮助你集中注意力，更好地应对挑战。然而，当焦虑过度的时候，它反而妨碍了我们的行动效率，甚至让我们陷入一种无效的状态，比如下面故事中的小拉，就是这样的例子。

小拉的故事

明天就要期末考了，小拉躺在床上翻来覆去，怎么都睡不着，她感觉自己的心突突直跳，比平时要快很多，手心也不知不觉变得湿湿的，她看了看闹钟，指针已经指向了半夜1点，她不由得着急起来。可是越着急越睡不着，她对自己说，放松一点，你已经复习好了，没问题了，这次一定能考好，最后她在疲惫不堪中慢慢睡去……小拉从小学习成绩非常好，小学时基本上每次考试都是全班第一，所有的老师都很喜欢她，她对自己的期望也很高，慢慢地变得非常争强好胜。可是，自从考入某省级示范中学以后，虽然她依然很刻苦，但成绩却一直平平，再也不能到达班级的前几名，这让她很受打击，她便越发用功起来，可是不知道什么原因，却没有什么起色。考试让她越来越紧张。现在，无论大考、小考的头几天，她都非常紧张，经常睡不着觉，这次也是一样。第二天，她昏昏沉沉地起了床，上了考场，有点迷迷糊糊，心里虽然万分着急，但也有点沮丧，她知道，这次自己一定又要考砸了……

案例分析

这个故事中，小拉所经历的叫作考前焦虑症，通常发生在重要的考试前夕。造成考前焦虑的原因不外乎以下几点：

1. 父母、老师太关注学习成绩。他们本身就比较紧张和操心你的成绩，这种态度会给你带来压力，一遇到考试就习惯性地开始紧张。有时候，家长遇到矛盾、冲突不能宽容，过高要求，求全责备，挫伤了孩子的自尊心和自信心，也容易引起孩子的焦虑。

2. 自己对自己的期望太高。如故事中的小拉，虽然家长和老师并没有太高的要求，但是自己给自己的定位过高，竞争心强，不能接受失败。

3. 平时不扎实，考前没有复习好。这时你对考试没信心，只能坐等可怕的结果，这样当然会焦虑了。所以，为了避免考前的焦虑，制定和执行良好的复习计划是必须的。

4. 身体和精神过度疲劳。学习上压力沉重，用脑过度，作息不规律，没有使用科学的学习和复习方法，导致学习效率下降，记忆力减退，复习效果变差，更容易紧张和焦虑，形成恶性循环。

5. 性格比较敏感、追求完美。通常来自父母的遗传或家庭教育方式，就是说，父母本身也容易焦虑，孩子自然也学到这种反应方式。另外，自卑和消极的同学，会对困难估计过分，患得患失，对外界事物的反应敏感，一点儿小事就大惊小怪，偶遇挫折就无法忍受。

行动指南

无论是面对考试，还是其他令我们焦虑的问题，我们都可以从下面几个方面进行自我调节。

1. 正确看待考试或其他问题

世上所有的事都是一种磨炼，而磨炼的目的是增强我们的能力，让我们具备更优秀的品质，所以，考试也是展示自己实力的机会，通过复习和考试，我们对知识的掌握更加扎实，也更加深入，这对我们的成长是非常有利的。

2. 增强抗挫折能力

只要全力以赴，即使考试失败也不是一种真正的失败。真正的失败是在一个地方跌倒，就从此消沉下去。所以，坚强的人是没有失败的，因为他总是在吸取教训，重新站起来。

3. 保持良好的生活、起居和学习规律，学会自我放松

多听听轻松、舒缓的轻音乐。适当的运动也是减压的一种方法，可以选择散散步，做一些放松的运动，伸手扭腰、调节呼吸、放松全身肌肉，从而达到精神和躯体的放松状态。甚至吃些小零食，也可以抚慰自我的紧张状态呢！

4. 自我暗示法

自我暗示又称自我肯定，这种方法能帮助我们用一些积极的思想和概念，来替代我们过去陈旧的、否定性的思维模式，这是一种强有力的技巧，能在短时间内改变我们对事情的态度和期望。如我们考前可在家中，对着镜子大声说“我这次一定能考好！”“我对自己充满信心！”“我准备好了！”等激励人心的话语，以鼓舞自己的斗志，发挥出好的水平。

附：

情绪小测试：5分钟知道你的焦虑指数

以下每个题目的A、B、C、D项只能选一个，每个选项都是1分。

（　　）1. 我觉得平时容易紧张和着急。

A. 没有或很少时间　　B. 小部分时间

C. 相当多时间　　　　D. 绝大部分时间或全部时间

(　　) 2. 我无缘无故地感到害怕。

A. 没有或很少时间　　　　B. 小部分时间

C. 相当多时间　　　　D. 绝大部分时间或全部时间

(　　) 3. 我容易心里烦乱或变得惊恐。

A. 没有或很少时间　　　　B. 小部分时间

C. 相当多时间　　　　D. 绝大部分时间或全部时间

(　　) 4. 我觉得我可能要发疯。

A. 没有或很少时间　　　　B. 小部分时间

C. 相当多时间　　　　D. 绝大部分时间或全部时间

(　　) 5. 我觉得将要发生什么不幸。

A. 没有或很少时间　　　　B. 小部分时间

C. 相当多时间　　　　D. 绝大部分时间或全部时间

(　　) 6. 我手脚发抖、打颤。

A. 没有或很少时间　　　　B. 小部分时间

C. 相当多时间　　　　D. 绝大部分时间或全部时间

(　　) 7. 我因为头痛、颈椎痛和背痛而苦恼。

A. 没有或很少时间　　　　B. 小部分时间

C. 相当多时间　　　　D. 绝大部分时间或全部时间

(　　) 8. 我容易感觉衰弱和乏力。

A. 没有或很少时间　　　　B. 小部分时间

C. 相当多时间　　　　D. 绝大部分时间或全部时间

(　　) 9. 我不能静坐。

A. 没有或很少时间　　　　B. 小部分时间

C. 相当多时间　　　　D. 绝大部分时间或全部时间

(　　) 10. 我觉得心跳得很快。

A. 没有或很少时间　　　　B. 小部分时间

C. 相当多时间　　　　D. 绝大部分时间或全部时间

(　　) 11. 我因为一阵阵头晕而苦恼。

A. 没有或很少时间　　B. 小部分时间

C. 相当多时间　　D. 绝大部分时间或全部时间

(　　) 12. 我觉得很多事做不完。

A. 没有或很少时间　　B. 小部分时间

C. 相当多时间　　D. 绝大部分时间或全部时间

(　　) 13. 我感觉呼气有些困难。

A. 没有或很少时间　　B. 小部分时间

C. 相当多时间　　D. 绝大部分时间或全部时间

(　　) 14. 我手脚麻木和刺痛。

A. 没有或很少时间　　B. 小部分时间

C. 相当多时间　　D. 绝大部分时间或全部时间

(　　) 15. 我因胃痛和消化不良而苦恼。

A. 没有或很少时间　　B. 小部分时间

C. 相当多时间　　D. 绝大部分时间或全部时间

(　　) 16. 我常常要小便。

A. 没有或很少时间　　B. 小部分时间

C. 相当多时间　　D. 绝大部分时间或全部时间

(　　) 17. 我的手常常是多汗的。

A. 没有或很少时间　　B. 小部分时间

C. 相当多时间　　D. 绝大部分时间或全部时间

(　　) 18. 我脸红发热。

A. 没有或很少时间　　B. 小部分时间

C. 相当多时间　　D. 绝大部分时间或全部时间

(　　) 19. 我不容易入睡，并且整夜睡得不好。

A. 没有或很少时间　　B. 小部分时间

C. 相当多时间　　D. 绝大部分时间或全部时间

（　　）20. 我做噩梦。

A. 没有或很少时间　　　B. 小部分时间

C. 相当多时间　　　D. 绝大部分时间或全部时间

得分记录

A____　B____　C____　D____

评分说明

★选A的总分数在10～20分，选B的总分数在10分以下：表示很好，没有焦虑情绪。

★选B的总分数在10～20分，选C的总分数在10分以下：表示有轻度焦虑倾向。

★选B的总分数在10分以下，选C的总分数在10分以上：表示有中度焦虑情绪。

★选C或D的总分数为10分以上：均表示有重度焦虑情绪，最好能向心理老师求助。

小故事

消除疲劳和焦虑的有效方法

疲劳往往导致焦虑，或者，它至少能使你容易出现焦虑的状况。医学院的学生都会告诉你，疲劳会降低人体对普通感冒和数百种其他疾病的抵抗力。而心理医生也会告诉你，疲劳会削弱人对恐惧和焦虑情绪的抵抗力。所以，防止疲劳往往可以防止焦虑。

我是说，“放松往往可以防止焦虑”的吧？其实这是比较保守的说法，埃德蒙·雅各布森医生则绝对得多。雅各布森医生就如何放松情绪写过《渐近式的放松》和《你必须放松》两本书。作为芝加哥大学临床生理学实验室主任，他多年来致力于把放松紧张情绪的方法应用于临床医疗。他认为：“在完全放松的状态下，任何一种精神和情绪上的紧张状态都不可能再存在。”换句话说，只要你完全放松，就不可能再继续焦虑。

所以，防止疲劳和焦虑的首要原则就是：经常休息，在你感到疲倦之前就休息。

这一点为什么如此重要？因为疲劳积累的速度快得惊人。美国陆军经过反复试验发现，甚至是经过多年军事训练锤炼的青年人，如果他们扔下装备，每小时休息10分钟，则其行军速度会明显加快，而且更持久。因此，前美国陆军就强制他们这样做。其实，你的心脏和美国陆军一样聪明。心脏每天泵出来输送到全身的血液足够装满火车一节的油罐车，而每24小时释放出的能量足以把20吨煤装上3英尺高的平台。心脏每天完成这样惊人的工作量，而且可能要持续50年、70年或者90年。它怎么能承受得了呢？哈佛医学院沃尔特·坎农博士对此作出了解释，他说道："大多数人都认为心脏是在不停地工作。事实上，它每次收缩之后，都会有一段休息时间。如果平均每分钟跳动70次，那么心脏一天的工作时间其实只有9小时，也就是说它一天的休息时间加起来为整整15小时。"

第二次世界大战期间，六七十岁的温斯顿·丘吉尔仍能每天工作16个小时，年复一年地指挥着大英帝国的作战行动，创下了不可思议的会议记录。他的秘决何在呢？他每天上午都要躺在床上工作到11点，阅读报告、口授命令、打电话、召开重要会议。午餐后，他再次上床午睡一小时。傍晚时，他还要上床睡两小时，直到8点起床吃晚餐。他并不是要消除疲劳，他用不着那样做，因为他已经防止了疲劳的发生。因为经常休息，他可以精神饱满地工作到深夜。

约翰·戴维森·洛克菲勒也创造了两项惊人的纪录：他积聚了当时世界上最多的财富，并且活到98岁。他是怎样做到的呢？主要原因当然是遗传了家族长寿的基因。另一个原因，是他养成了习惯，每天中午都在办公室小憩半个小时。他会在办公室的躺椅上打个盹，这个时候哪怕是美国总统打来电话他也不接。

思考题：

关于应对焦虑，从这篇文章中你得到了什么启示？

第三节

应对恐惧

命运害怕勇敢的人，而专去欺负胆小鬼。

——塞涅卡

你有时会感到害怕吗？还记得小时候，几乎每个人都害怕过黑暗、陌生人，还有小动物。可渐渐地，我们学会了战胜这些恐惧，但同时，我们又有了一些新的恐惧。

恐惧，是指当我们面对现实的、或者想象中的危险，以及自己厌恶的事物时，产生的一种惊慌与紧急的状态。恐惧的时候，我们会不由自主地出现心跳加速、血压升高、呼吸急促、出汗、颤抖、眩晕、脸红等身体反应，感觉很难受。

其实，每一种情绪都有它的作用。心理学家说，恐惧是我们出生后产生的第一种情绪，它能够保护我们远离危险，更有可能存活下来。

恐惧是多种多样的，有的人害怕某种动物如老鼠、蜘蛛、狗、鸟等，有的人怕高处、雷电、火，有的人害怕乘电梯、过隧道、过桥、穿过大广场，有的人害怕乘飞机、汽车，有的人害怕封闭的空间。更多的时候，我们会有社会交往方面的恐惧，如害怕批评，害怕遭到拒绝，害怕父母、老师等权威人物等。

其实，很多时候，恐惧是我们自己想象出来的，并不是实际上存在的危险。所以，我们要学会对自己的恐惧负责，因为是我们臆造了它，我们也就能学会战胜它。

大多数人觉得恐惧意味着无能和懦弱，因此费尽心机地在其他人面前掩饰恐惧。但掩饰往往使情况变得更糟。

兰芳的故事

今天上的是语文课，兰芳打开课本，准备先看看课文，突然听见教语文的刘老师说："同学们，今天我们在学习这一课之前，需要大家作一篇口头作文，我给大家15分钟时间准备，然后我会随机叫同学们发言……"兰芳大脑突然"轰"的一声，感到自己的心突然跳得快了起来，"怎么办？怎么办？如果老师叫我怎么办？"她呆呆地坐了好一会儿，才想起来拿起笔在本子上写作文的提纲。一边写，一边感觉自己的脸正在慢慢涨红，头皮开始麻酥酥的。时间一分钟一分钟过去了，她心慌意乱，大脑一片空白，胡乱拼凑着内容。可越害怕的事情越容易发生，老师最后点了3个人，竟然有她。太倒霉了吧，她想着。然后不出所料地结结巴巴、面红耳赤地讲了一些不知所云的东西，她好像听到同学们在身后吃吃地笑，此刻她真恨不得找个地缝钻进去！唉，真是再也不想上这种课了，她想。

这种痛苦也不是第一次发生了。兰芳想起小时候，大概是小学二年级的时候，有一次去秋游，在农庄菜地玩耍时，两只很大很黑的蝴蝶突然扑面而来，吓得她一屁股坐到地上，哇哇大哭起来，当时的情形她现在还记得清清楚楚，从那以后她就开始害怕蝴蝶、飞蛾之类的动物。现在她已经13岁了，可这种害怕依旧没变。另一个令她害怕的东西就是讲话了。在家里，她有一个小她3岁的弟弟，特别能说会道，父母很喜欢，经常将她与弟弟比较，说她不会讲话，嘴巴不甜，以后出去也不会招人喜欢。慢慢地她就不愿意多讲话了，一跟人讲话就紧张，甚至开始结巴，在大庭广众之下，就更加明显。上课时如果只听老师讲课可以很平静，一旦老师提问，她就开始紧张不安，害怕老师让她回答问题，尽管自己知道正确答案，也不愿意讲。在学校她的话很少，所以也没什么朋友，大家都觉得她内向，不好打交道。她甚至不肯去买东西，就是因为害怕和人说话，为此，家人总说她懒惰。兰芳不知道为什么自己与人接触时都那么紧张，其实她的胆子并不小，尤其是在没有人的时候更能放得开。这到底是为什么呢？真苦恼啊！

案例分析

这个故事中，兰芳有一种对当众讲话的恐惧，以及慢慢由这种恐惧引起的害怕与人交往的社交恐惧。造成她这种紧张和焦虑的原因主要有以下几点：

1. 小时候一次比较深刻的恐惧经历，没有得到及时的安慰和解决，造成她对飞蛾类的动物特别恐惧，而恐惧是会发散到其他方面的，慢慢会让她变得比较胆小，容易害怕其他东西。所以，如果你小时候有什么不好的经历，一定要想办法找心理老师解决哦！

2. 父母对她和弟弟的不正确比较，没有发现和支持她的特长，反而用弟弟的特长去和她比较，贬低她，使得她在讲话这件事情上越来越没有信心。每个人都有自己擅长的东西，内向的人往往更聪明，对吗？

3. 她自己的性格比较内敛，敏感，信心不足，不容易突破困难和障碍，反而容易被困难困住。性格决定命运，也会决定我们面临的事件，所以我们要不断完善自己的性格。

4. 没有找到能够帮助她的人和方法，来克服自己的弱点和恐惧情绪。随着我们渐渐长大，我们要学会求助，自己去寻找办法，而办法一定会有的！

行动指南

为了回避恐惧，许多人会回避使他们感到恐惧的场合。这样做，从短时期看是一种有独创性的解决办法，但从长时期看，这种策略经过证明是十分消极的。因为个人活动的空间会越来越小，而且没有机会发现自己其实有能力驾驭这种恐惧。比如有许多人害怕乘飞机，从不上飞机。因此，他们也不可能认识到，乘飞机并非他们想象的那样危险。

也有人会找人陪伴来减轻恐惧。但长时间后，便会产生依赖心理，越来越没有能力去单独做点什么。

其实，假如你去尝试，常常会发现很多时候恐惧感其实是毫无依据的。特别是当你将自己的能力推到极限时，让你感到恐惧的事就会开始减少。你也会领悟到，所有的恐惧是大脑的本能产生的，那些未知并没有你潜意识中认为的那样危险。

那么，具体怎样做才能战胜自己内心的恐惧呢?

1. 转变观念

探索一下自己内心的想法：我所害怕的事，真的会发生吗?如果它真的发生了，我是否能处理好呢?我害怕的事情，可能令人不快，但并不是那么可怕，也并不是一场灾难。如果危险真的发生了，担心和恐惧反而使人紧张、虚弱，没有力量面对，所以应该保持平静。

2. 去冒险吧

要克服恐惧，就必须去冒险，去做那些使你感到恐惧的事情。你脑海中应该有这个概念：没有做好某件事情，这是正常的。只有不断练习，你才能成为这方面的行家里手。生活中几乎所有的事情我们都必须去练习。

3. 松弛练习

当我们认为某件事情有危险时，我们的呼吸就会自动加快，其结果是我们的血液里氧气增多，我们变得烦躁不安。当我们有意识地做松弛练习时，我们能够减少恐惧。记得深呼吸，然后放松身体。

4. 想象法

想象自己身临其境于使你感到恐惧少一些的场合，生动地设想每一个细节。如果在想象练习中产生了恐惧，重复采取松弛技巧。

5. 应用奖励和处罚

如果你达到了你的目标，就慷慨大方地奖励自己一本书或一顿好吃的。如果你总是回避或没有做练习，那么就禁止你看电视、上网或做你最喜欢的事。

附：

情绪小测试：你有社交恐惧吗？

下面的每个问题有4个答案可以选择，它们分别代表：1．从不或很少如此；2．有时如此；3．经常如此；4．总是如此。根据你的情况在题目后面圈出相应的答案。

1．我怕在重要人物面前讲话。答：（1 2 3 4）

2．在人面前脸红我很难受。答：（1 2 3 4）

3．聚会及一些社交活动让我害怕。答：（1 2 3 4）

4．我常回避和我不认识的人进行交谈。答：（1 2 3 4）

5．让别人议论是我不愿意的事情。答：（1 2 3 4）

6．我回避任何以我为中心的事情。答：（1 2 3 4）

7．我害怕当众讲话。答：（1 2 3 4）

8．我不能在别人注目下做事。答：（1 2 3 4）

9．看见陌生人我就不由自主地发抖、心慌。答：（1 2 3 4）

10．我梦见和别人交谈时出丑的窘样。答：（1 2 3 4）

计分方法：

圈出的数字也就是你每题所得的分数。将分数累加，便是你的最后得分了。

评分说明

★12分以下，放心好了，你没患社交恐惧症。

★13～24分：你有轻微的社交恐惧，需要自我调节哦！

★25～34分：你已经处在社交恐惧症中度患者的边缘，如有时间一定要到医院求助精神科医生。

★35～40分：很不幸，你已经是名严重的社交恐惧症患者了，快去求助精神科医生，他会帮你摆脱困境的。

小故事 大导演李安：战胜对水的恐惧

1954年，李安出生在台湾屏东。作为蜚声世界的导演，可能很少人知道，一直到30岁前，他都极度怕水。怕到什么程度呢？洗脸时，毛巾要拧得干干的；洗澡只能是淋浴，而且每次不能超过五分钟，时间长了会晕眩。

这都是源于李安10岁时的一次经历。那时，因父亲工作调动，李安和弟弟李岗从台湾花莲转读台南小学。一天傍晚，李岗被一群孩子捉住，要把他推进水里，李安见了，一个箭步冲上来，却被其他孩子抓住手脚，倒提着抛进了小河深处。不会游泳的李安一下子就沉了下去，幸好没过多久，就被路人救了起来。这对于李安来说，无异于一场噩梦。他昏迷、发烧、呕吐，折腾了两三个月才好，从那以后，李安有了见水就头晕的毛病，打死不上游泳课，后来甚至连碗都不敢洗了。

1985年，李安在美国的毕业作品《分界线》在纽约大学影展中获得最佳影片和最佳导演两个奖项，美国三大经纪公司之一的经纪公司当场与李安签约，劝他留在美国发展。没想到，这一签，竟会让他坐了六年的冷板凳。最初的日子里，李安拿着剧本跑影片公司，得到的答复永远都是：修改，等待，再修改，再等待……

就这样，半年过去，李安“安”不下去了。他翻来覆去睡不着，仿佛自己会被无边无际的黑暗给吞噬，那种极度的不安全感简直和溺水一模一样。凌晨3点，被失眠折磨得痛苦不堪的李安翻身下床，给李岗打电话。畅聊中，兄弟俩第一次说到了二十年前的那次溺水：“我在水里独自挣扎了不知多久，水……无处不在地灌进身体……濒死的感觉，我一生都会记得。”

李岗沉默片刻说：“有时，人要勉强一下自己的。你总要敢于面对某些东西，甚至明知不可为而为之，其实，它们并不像你想象的那么可怕……”李岗的话让李安联想起白天一个制作人对他的剧本作出的点评：“李（安），你太东方，太克制了！做电影要的是疯狂，你不合适！”

李安霎时如同醍醐灌顶：为什么他的剧本不受欢迎，就是缺少了一种把人逼到极致的东西！他当即决定尝试一把，他同李岗说：“我想学潜水！”李岗大吃一惊：“你疯了！”

抱定了决心的李安打开电脑，预订了一个月后去马来西亚西巴丹岛的潜水课程。一个月后，李安独自一人出现在了西巴丹潜水学校。李安的潜水第一课就被丢进又咸又苦的海水里浸泡。泡了三天，李安脱了层皮，又红又痛，然而更惨烈的训练还在后面：乘船出海。快艇上乘风破浪的快感在李安身上，那就是折磨。他双手死死抓住船舷不放，整个人完全是晕死状态。又经过两周多炼狱般的呼吸和动作协调练习，教练宣布李安可以正式开始浮潜了。那一天，李安在教练的帮助下缓缓潜入水中。和以往不同的是，他的心里有着非比寻常的宁静，从不信奉任何宗教的他此时有种上帝与他同在的踏实和空灵。突然，好像有什么东西从脸庞擦过，李安睁开眼睛，原来是小丑鱼！第一次透过潜水镜看着水中世界，竟是这样的流光溢彩、如梦如幻。没有语言，没有听觉，唯有眼睛和心灵静静地感受海底世界的美妙和不可思议。那一刻，纠缠在他身上多年的关于水的梦魇就此退去，取而代之的，是他对大自然的敬畏和关于人性的永恒思索。也许，勇敢面对生命中的一切，才是人生最重要的吧。

有了成功征服大海的经历，李安已经想明白，他害怕的不是水，而是未知的和不了解的东西。那么，不了解的就去了解，未知的就安静等待，这样不是很好吗？

想通了这一点，李安更加觉得自己是有使命的，他不仅要做电影，还要借电影把中西文化贯通起来，让所有人都了解。从那以后，厚积薄发的李安完成了《推手》和《喜宴》的剧本，它们都是以家庭为切入点，讲述中西方文化的差异、冲突，讲述两代人之间的爱与妥协。两个剧本双双获奖。电影上映后取得了票房奇迹，并相继斩获金马奖、金熊奖以及奥斯卡金像奖等多项提名。几乎一夜之间，李安就成了蜚声国际的知名大导演。

就在大家纷纷准备为他庆贺时，李安却奔往泰国潜水了。就这样，李安从一个恐水症患者，变成了热爱潜水的人。几年时间，他潜遍了巴厘岛、红海、大堡礁、关岛，还有印尼的蓝礁海峡，取得了18米初级潜水执照。每当事业出现瓶颈，或是人生有了新困惑，李安都会选择潜入海底寻找答案。他导演了无数精彩的电影，而潜水则成为曾经怕水的他寻找灵感的最佳方法。

思考题：

李安是用什么方法战胜了对水的恐惧？对你有什么启发呢？

第四节

应对忧郁

我的心，你不要忧郁，快接受命运的安排，寒冬从你那儿夺走的一切，新春将重新给你带来。

——海涅

忧郁，也叫抑郁，是一种在现代社会正在蔓延的情绪。忧郁产生的大部分原因是人的大脑无法接受并处理一个事件。因为事件不随人意，人就会产生低落情绪，它是种常见的心理现象，有人称之为“心灵的感冒”。俗话说，人生不如意的事，十之八九。因此，不如意其实是人生的常态。但是，现代人物质生活优越，心灵却越来越脆弱，所以会经常“感冒”。

忧郁不是个别人特有的。实际上，甚至越聪明、越优秀的人，越有可能忧郁。忧郁情绪持续很久，而且达到一定的程度，就成了忧郁症。罹患过忧郁症的名人可以说非常之多，有些靠自己和他人的帮助战胜了这种心理疾病，也有人从来没有治愈过。

央视主持人崔永元在描述自己患忧郁症时这样说：“包括我的家人，包括我的领导，他们都觉得没有这种病，觉得就是想不开，就是小心眼，就是太爱算计了，就是以前火，现在不火了，所以现在受不了了，都是在这样想。”在公开对媒体承认自己患上忧郁症时，崔永元解释，“实际上它是一种病，得吃药。”

也许你不相信，它是如此平常，就存在于我们身边，甚至不为大家所察觉。很多人觉得，忧郁的人只是很做作罢了，那么忧郁到底是庸人自扰，还是事出有因呢？

晓海的故事

这一阵子，晓海变得很孤僻，在学校的时候，总是打不起精神，好像被霜打过的叶子，上课很少举手发言，同学问他问题，不是说“我不会”，就是说“你问别人吧”，而不像以前那么热心帮助同学了。班里要举办庆祝教师节的活动，作为副班长，要他出主意也是没有下文。同学们都觉得奇怪，私下里议论说，晓海最近怎么变懒了！

在家里，晓海也是一反常态。以前他总是主动帮妈妈干活，帮爸爸整理书桌，可现在，地上到处都是纸屑，他好像也看不见，整天躺在床上看手机，要不就上网到深夜。如果妈妈说他两句，他就很烦，说“你不要管我行不行”？搞得妈妈也很生气。

其实晓海心里比谁都着急。上个学期末自己的考试发挥失常，成绩一下子下降了很多，原来还是前五名，这次竟然只考了十六名！晓海非常自责，都怪自己放松了学习，自以为基础好，也没有认真复习。整个假期，他都是在内疚、难过、失望中度过，虽然父母没有责怪他太多，可是他仍然觉得自己很失败，辜负了父母的期望。所以整天在家里唉声叹气，也不像以往那么爱跑步、打羽毛球了。

现在开学了，他上课时注意力也不怎么集中，记性好像也变差了。这样下去肯定是不行的，他想。老师也发现了他的变化，并找来学校的心理老师。心理老师很和蔼，也很亲切，她耐心地和他交谈，慢慢了解到他的心理变化的原因，安慰晓海不要太在意这一次的成绩。无论如何，只要他努力了，大家就会为他喝彩和骄傲。另外，心理老师还找出晓海以往的成绩记录，帮他正确评价自己，分析了他的很多长处，以及本次考试失利的原因，帮他制定了一个提升成绩的计划。几次谈话以后，晓海慢慢学会了改变消极情绪、构建积极思维方式的方法，他渐渐又恢复了自信、快乐，愉快地学习和生活，两个月后，忧郁的阴影已经消失得无影无踪。同学们和父母熟悉的晓海又回来了！

案例分析

当我们慢慢长大，特别是进入青春期以后，忧郁几乎是每个人都会碰到的问题，毕竟，它是面对挫折时很容易产生的一种情绪反应。但是，只有长期得不到解决的才会发展到忧郁症的程度。据说，青少年忧郁症的发生率相对较高，根据不同报道，从10%到25%不等。忧郁症是女孩辍学的主要原因，还是青少年自杀的主要原因。然而，很多青春期忧郁症得不到诊断与治疗，在西方发达国家也大约只有50%的患者得到诊断与治疗。所以，我们一定要了解这个症状的原因，也要学会识别自己和身边人有没有这些问题，并且及早寻求帮助。

忧郁的表现主要是感到生活空虚、容易疲倦、注意力不集中，如故事中的晓海一样，对以前喜欢的事情失去兴趣。更进一步地，表现为学习成绩下降，与朋友关系变差，以及容易逆反，性情急躁不安。这些情况，晓海或多或少都有一些。更严重的会有自残和轻生念头，尝试烟、酒等危险行为。女孩则可能有厌食或过食的现象。自我评价变差，经常自责。

引起忧郁的原因有：

1. 精神压力。如家长对我们期望太高，学习与考试压力过大，同学关系紧张等，往往超出我们的心理承受能力。当我们面对压力时，缺乏适当的心理调节技巧，就会出现忧郁的情绪。

2. 心理“先天不足”。自己心理的脆弱和不稳定，在挫折面前容易“输不起”，不能接受现实，心慌意乱，烦躁不安，甚至感到绝望无助，产生忧郁的情绪。

3. 生活中的意外事件。如父母离异、生病、同学关系不好、学习成绩下滑等，也容易诱发忧郁情绪。故事中晓海的问题主要就是成绩下滑引起的。

4. 性格因素。性格内向、文静、不爱交流，又或者孤僻、多疑、常常注意事物消极面的人，都容易陷入忧郁状态。

5. 家族遗传。父母中有人曾患忧郁症的，也容易忧郁。

行动指南

其实，忧郁是一种很正常的情绪，就和我们的身体一样，通常随着时间的推移，会自行消除。当然，就如同我们患了感冒时，如果能多喝开水，多休息，吃点新鲜水果，就会好得更快一样，如果我们有好的对治忧郁的方法，也可以让我们更快地恢复正常、快乐的生活。

1. 坚持锻炼

特别是早晨的锻炼，并且最好在有太阳时锻炼。一日之计在于晨，早晨的空气可以说是一天当中最清新的，它可以充分调动人体潜能，活化身体细胞，当身体放松了，内心也慢慢就会放松下来，情绪自然就会有一定的缓解。阳光也有助于体内合成抗忧郁的成分哦！

2. 外出交际

把自己关在家里，逃避与人接触，封闭自己，会不断地强化忧郁情绪。这时，必须强迫自己走出去，多接触朋友，或出去旅游。尽管开始内心会很痛苦，但是只要坚持一段时间后，忧郁情绪就会慢慢消失。

3. 求助家人、朋友

家人和朋友可以帮助我们减轻压力，他们的鼓励和赞扬可以使我们提高自信，让我们对未来生活少一些担忧。

4. 求助心理医生

心理医生可以帮助我们改变不适当的认知或思考习惯、行为习惯，使我们更快地从忧郁的心境中摆脱出来。

附：

小知识：你是哪种气质类型？

气质是指在人的认识、情感、言语、行动中，心理活动发生时力量的强弱、变化的快慢和均衡程度等稳定的动力特征。气质一般分为四种类型，即胆汁质、多血质、黏液质和忧郁质。

胆汁质

具有胆汁质类型特征的同学，在情绪反应方面易受感动，情感一发生就很强烈，久久不能平静，他们性情暴躁，容易发火。这种类型的同学在行为方面的特点是，积极参加课内外、校内外的活动，倡导新事物，工作积极，动作强而有力，说话快而大声，坚持自己的意见，有锐利的眼光，有强而有力的姿态和举动，有敏捷而生动的表情。这种类型的同学应着重培养自己的耐心、沉着和自制力。

多血质

具有多血质类型特征的同学，在情绪反应方面发生快而多变，但不强烈，情绪体验不深，但很敏感。在行为方面活泼好动、机敏，爱参加各种活动，但常常有始无终。他们的适应性强，善于交往，待人亲切，但也表现出轻率、不真挚。在学习上什么都想学，领会问题快，但常常见异思迁，注意力不集中。这种类型的同学应培养刻苦钻研的精神，学习上做到有始有终，养成合理的生活规律。

黏液质

具有黏液质类型特征的同学，在情绪反应方面沉着、平静、迟缓，心境平稳不易激动，很少发脾气，情感很少外露。在行为方面沉默寡言，面部表情单一，胸怀宽广，不计较小事，能委曲求全，自制力强，能承担较繁重工作。在学习上遵守纪律，有时表现执拗、淡漠。对作业深思熟虑，反复检查，回答问题不慌不忙，想好才讲，说话缓慢、平静而有条理。这种类型的同学最好培养自己的敏捷性，经常参加各种活动。

忧郁质

具有忧郁质类型特征的同学，在情绪反应方面不易变化，比较平静，不易动情，情感生活贫乏。但有时情感体验也很强烈，经久不息。情感脆弱，容易神经过敏，患得患失，容易变得孤僻。在行为方面动作迟缓，胆小，忸怩，在任何活动中很少表现自己，尽量不抛头露面。在学习上反应迟缓，怕老师提问，举止张皇失措。这种类型的同学需要很多鼓励和支持，培养自信心，养成学习和活动的好习惯。

你觉得自己属于哪一种气质类型呢？

小故事

宇航员们：通过心理训练来战胜忧郁！

“神十”上天了，宇航员在太空表现良好！

“神舟十号”上天后，除却宇航员必须有强硬的身体素质不说，宇航员的心理素质也是非常重要的。要在一个封闭有限的空间当中工作，需要很高的耐受力；与地球分离也会带来很大的孤独感，美国心理学家称：“看不见地球是宇航员不能承受之重，思乡、自杀的念头会与日俱增。”要顺利完成任务，这些都是宇航员必须面对的困难，这些是心理训练能解决的。耐受孤独训练可以增强宇航员对孤独的忍受力。情绪自我调节训练增强了情绪控制和调节的能力，承受压力训练增强了宇航员的心理耐受力。

通过种种心理训练，宇航员的心理特点发生了很大变化，他们的压力承受力、孤独耐受能力、情绪自我调节能力提高了，保证了外太空工作的顺利进行。

对忧郁者来说，忧郁本身也是一种心理特点，就像孤独的人，孤独也是一种心理特点。就像宇航员的心理特点可以通过心理训练改变一样，忧郁这类心理特点也是可以通过针对性的心理训练来改变的。认知疗法认为忧郁从根本上是由不合理的思维方式导致的。比如，因失恋而忧郁的人可能会认为“世上没有好男/女人”。通过心理训练，忧郁的、不合理的思维方式也是可以改变的。

忧郁的心理训练首先就是要让忧郁者觉察到自己的不合理的思维方式；其次是发现并修正不合理之处；最后通过训练建立起合理的思维方式。通过心理训练使得忧郁者形成了一种合理的思维方式，以客观、积极的方式看待世界，以更平和的心态来生活。

思考题：

关于应对忧郁情绪，从这篇文章中你得到了什么启示？

第五节

应对悲伤

再美好也经不住遗忘，再悲伤也抵不过时间。

——席慕容

人的一生，总是在不断的获得与失去中度过。失去的是某人、某物，或是某种状态。而这种失去所引起的情感上的结果，就是悲伤。

我们每一个人，在一生中都会遭受许多无法避免的失去。小时候，我们会失去心爱的玩具，会失去宠物，或离开某个喜欢的朋友。长大以后，我们会面对更多的离别与悲伤，例如父母、兄弟姐妹、妻子或丈夫、甚至儿女的死亡，会离开你所喜爱的工作或朋友，会失去健康的身体，等等，这些都会带给你悲伤。

但是，怎样才能面对悲伤，并从中走出来，却是一个难题。有时候，一件令我们悲伤的事，可能会影响我们的一生。

张炜的故事

张炜是一个活泼开朗的 12 岁小女孩，她的同桌是一名调皮的小男生，平时小男生没事就喜欢开些小玩笑，尽管如此，他和张炜还是很要好的朋友，一起写作业，一起放学回家。有一天，同桌上课时给张炜写了一张纸条，说自己身体发麻不舒服。张炜心想："他就是喜欢搞恶作剧，哼！才不理他！"可谁料到，同桌这时已经因为身体麻痹不能说话了，过了一阵，张炜才发现他的情况真的不寻常，就说："你去医务室看看吧！"同桌摇摇晃晃起身，走到讲台时突然摔倒。同学们把他送进医务室，医务室的卫生员叫了救护车，但是送到医院后还是因为抢救无效死亡。

消息传来，张炜感到惭愧万分，追悔不已，非常悲痛。连日来不敢走过同桌倒地的讲台，只敢绕行，看到自己旁边空空的课桌椅，她感到自己对不起同桌，不知道该怎么面对这一切。虽然同学、老师、爸爸妈妈让她忘记这些，说这些不是她的责任，但是她还是不能原谅自己，不知道自己这样下去有什么意义。慢慢地，爱说爱笑的她变成了另外一个人，经常一个人发呆，对什么事都无精打采，有时候还偷偷掉眼泪。

几个月后，她的状况还是没有改善，家人和老师都很担心，为她找了一位心理辅导老师，老师首先对她表示了同情和理解。然后运用一些心理学的方法，让她和同桌在心灵层面上作了沟通，她慢慢能够表达内心的歉疚，也在内心感觉到了同桌的原谅。逐渐地，她开始能够接受这个现实，那就是因为自己的疏忽，让同桌失去了被及时抢救的机会。但同时她也知道，这不完全是她的责任，每个人都有自己的命运，谁也无法阻挡别人的命运。她甚至还准备去学习急救技术，这样以后也可以帮助别人。她知道，同桌若是知道她这么做，也会感到欣慰的。

案例分析

这个故事中，张炜所经历的悲伤是很大的。悲伤在身体、精神、情绪和行为上，都会影响一个人。在生理上，悲伤的人可能有胃空空的感觉、胸闷、喉咙变紧干燥、呼吸困难、缺乏气力，以及忧郁、梦魇、失眠、工作能力减退和疲劳等症状。这些主要是由于忧郁和绝望引起悲伤者的内分泌发生变化。在心理上，他们不相信发生的事情，或者会在梦中见到失去的人，使他们觉得人还活着。在情绪上，他们忧郁、忧愁、痛苦，有时有罪恶感与愤怒。在行为上，可能出现失眠、食欲不振、恍惚、心不在焉、哭泣等症状。就如张炜的各种表现。

要化解悲伤，也是有规律可循的，一般来说必须经过几个阶段。首先，是接受失去的现实，如果我们不愿意承认自己已经失去或者亲友已经死亡，常会导致不健康的悲伤及各种症状出现。其次，悲伤者必须接纳悲伤的过程是痛苦的，不能逃避到不健康的活动里，如喝酒、抽烟、过度工作或学习等。再次，悲伤的人要接受新环境和新角色，学会在没有死者存在的环境中生活。最后，悲伤的人需要找到新的精神依托，唯有爱能治愈悲伤。

行动指南

无论是普通的悲伤情绪，还是深刻的丧失之痛，我们都要学会通过接纳、表达、转化和升华来调节。

1. 接纳

一切发生的都是应该发生的，因为一切都有很多影响因素在起作用，有些甚至是我们无法感觉到的因素，所以，接受这个现实，就如同水到了100℃就变为水蒸气一样，作为一个很自然很合理的现象来接受它吧！只有接受了它，我们才拥有了改变它的力量。

2. 表达

我们可以给失去的对象写一封信，或者画一幅画，把我们对他们的情感和心里话全部写出来。爱也好，恨也好，后悔也好，愤怒也好，当它们找到了表达出来的渠道，它们就会消散在空气中。

3. 转化

一切唯心造，当我们对一个事件的看法是负面，就会有一系列负面的情绪，而当我们改变这个看法，它就会变成正能量。所有的事情都有好坏两个方面的意义，我们要做的就是寻找正面意义。哪怕是丧失，也有积极的作用。它会带来更新，带来丰富，也带来重生。

4. 升华

调整对失去的认识：生命是一个过程，有开始就有结束；人的一生有长有短，亲人间同行的路也有长有短，在体验中领悟人生真谛，离开也许是生命的升华和超脱；不断的失去才有新的生机，没有老人的死去，就不会有孩子的可爱。这一切都是很自然的。化悲痛为力量，找到新的目标，如过得更好，变得更优秀，等等，让自己的生命，从悲伤里开出一朵新的、娇艳的花。

附：

情绪小测试：测测你的情绪智力水平

对以下40道题，如果认为“常常是”，画“√”；“偶尔是”，画“△”；“完全没有”，画“×”。

（　　）1. 平时不知为什么总觉得心慌意乱，坐立不安。

（　　）2. 上床后，怎么也睡不着，即使睡着也容易惊醒。

（　　）3. 经常做噩梦，惊恐不安，早晨醒来就感到倦怠无力、焦虑烦躁。

（　　）4. 经常早醒1～2小时，醒后很难再入睡。

（　　）5. 学习的压力常使自己感到非常烦躁，讨厌父母、亲人的叮嘱。

（　　）6. 读书、看报、甚至在课堂上也不能专心致志，往往自己也搞不清在想什么。

（　　）7. 遇到不称心的事情便较长时间的沉默少言，或者火山似的爆发，大发脾气。

（　　）8. 感到很多事情不称心，无端发火。

（　　）9. 哪怕是一件小事情，也总是很放不开，经常思索。

（　　）10. 感到现实生活中没有什么事情能引起自己的乐趣，生活很无聊。

（　　）11. 老师讲概念，常常不喜欢听，有时懂得快忘得也快。

（　　）12. 遇到问题常常举棋不定，迟疑再三，不知该怎么办。

（　　）13. 经常与人争吵发火，过后又后悔不已。

（　　）14. 经常追悔自己做过的事，有负疚感。

（　　）15. 一遇到考试，即使有准备也紧张焦虑。

（　　）16. 一遇挫折，便心灰意冷，丧失信心。

（　　）17. 非常害怕失败，行动前总是提心吊胆，畏首畏尾。

（　　）18. 感情脆弱，稍不顺心，就很想哭。

（　　）19. 不喜欢自己，觉得别人也不喜欢自己。

(　　) 20. 喜欢跟比自己年幼或能力不如自己的人一起玩或比赛。

(　　) 21. 感到没有人理解自己，很烦闷，觉得生活没有什么开心的事情。

(　　) 22. 发现别人在窃窃私语，便怀疑是在背后议论自己。

(　　) 23. 对别人取得的成绩和荣誉常常表示怀疑，甚至嫉妒。

(　　) 24. 缺乏安全感，总觉得自己很不安全。

(　　) 25. 参加春游等集体活动时，总有孤独感，不知该怎么跟别人相处。

(　　) 26. 害怕见陌生人，人多时说话就脸红。

(　　) 27. 在黑夜行走或独自在家有恐惧感。

(　　) 28. 一旦离开父母，心里就不踏实，会紧张害怕。

(　　) 29. 经常怀疑自己接触的东西不干净，反复洗手或换衣服，对清洁极端注意。

(　　) 30. 担心是否锁门和可能着火，反复检查，经常躺在床上又起来确认，或刚一出门又返回检查。

(　　) 31. 经常站在比较高的场所、悬崖边、大厦顶、阳台上，有摇摇晃晃要跳下去的感觉。

(　　) 32. 对他人的疾病非常敏感，经常打听，生怕自己也身患同病。

(　　) 33. 对特定的事物、交通工具（电车、公共汽车等）、尖状物及白色墙壁等稍微奇怪的东西感到恐惧。

(　　) 34. 经常怀疑自己发育不良。

(　　) 35. 跟异性朋友交往不知所措，不知该说什么、玩什么。

(　　) 36. 对某个异性伙伴的每一个细微行为都很注意。

(　　) 37. 不喜欢写作业。需要写作业时，就觉得非常的烦。

(　　) 38. 经常无端头痛，肚子痛。

(　　) 39. 经常有离家出走或脱离集体的想法。

(　　) 40. 不知道有什么兴趣爱好，讨厌学习。

测评方法：

“√”得2分，“△”得1分，“×”得0分。

评价参考：

1. 0～8分：情商高，心理非常健康，请你放心。
2. 9～16分：大致还属于情商健康的范围，但应有所注意，可以找老师或同学聊聊。
3. 17～30分：心理方面有了一些障碍，应采取适当的方法进行调适。
4. 31～40分：黄牌警告，有可能患了某些情商偏差，应找专门的情商机构训练培养。
5. 41分以上：较严重的低情商，应及时训练培养。

小故事

毕加索：每一个钟头都有新的光线

音乐家鲁宾斯坦经常到好友画家毕加索的画室看他画画。鲁宾斯坦在好几个月内看到毕加索不断地在画同样的东西。背景是阳台的铁栏杆，近景是一张桌子、一瓶葡萄酒、一把吉他。

当毕加索画了将近五十幅同样的作品后，鲁宾斯坦不耐烦地问："每天都描绘同样的静物，难道你不厌倦吗？"

毕加索反问道："你不觉得自己在说废话？难道你不知道，每一分钟都是不同的我，每一个钟头都有新的光线，每天虽然看同一瓶酒，但我可以从中看到不同的个性，看到不同的酒瓶、不一样的桌子、不同的世界里的不同的生命。在我的眼睛里，这一切都是不同的！"从此以后，鲁宾斯坦在重复弹一首歌时，皆可弹出不同的韵味。

每一个时刻虽然看似相同，但是每一分钟也都蕴含着新的希望。

思考题：

关于生活中的悲伤，从这个小故事中你得到了什么启示？

第三章

多面的我（自我认知篇）

第一节

自信的我

先相信自己，然后别人才会相信你。

——罗曼·罗兰

自信，简单地说，就是相信自己，就是一种觉得“我已经够好了，但还可以更好”的自信心和进取心。有人说，谁拥有自信，谁就成功了一半。自信对我们的学习和生活都是非常重要的。自信给我们力量，也给我们快乐。正因为有了自信，人们才充满了睿智，我们心中才升腾起希望，才有去创造一片天地的力量。

自信首先是成功的基础。古往今来的成功人士都具有自信这个共同的特点。每一个人都不是十全十美的，都有短处和长处，都具备获得某一方面成功的条件。自信可以帮助我们发现自己的长处，从而产生一种积极进取的动力，激励自己去发挥特长，以达到自我实现的目标。

自信能够激发人的意志力。因为自信是对自己正确评价后，产生的一种坚定的自我信任感，它可以激励人们为自己选择难走但又是必经的人生之“路”，并义无返顾地走下去。在奋斗过程中，自信激励着人们克服困难，勇往直前。自信心能使平凡的人做出不平凡的事业。

自信还能够激发我们的潜能。有自信心的人，既不自卑，也不自负，能正确认识自己。在恰当地评价自己的知识、能力、品德、性格等内在因素的前提下，相信自己有可取之处，能够看到自己的潜力。只要自己相信自己，努力奋斗，将潜能充分挖掘出来，就很可能有所成就。

所以，只有自信才能让自己的人生之花开得茂盛、灿烂。只有自信才能让生活处处是舞台，让人生越过越精彩。而没有自信，只会让生命之花慢慢枯萎、凋谢。

王俊的故事

王俊今年15岁，是初二年级学生。他小的时候，因为家里经济比较困难，父母在外打工，就把他寄养

在外婆家里。外婆为人胆小怕事，所以王俊小时候也很少与小伙伴在外玩耍。加之家庭生活条件拮据，衣食不如同龄人，身材矮瘦，最主要的是说话有轻度口吃，这就让他更缺乏自信心，慢慢养成了退缩不合群的习惯，从不敢主动与人交往，更不敢在大庭广众之下说话。因为他比较老实，不会捣蛋，父母也很少管他，与他交谈得也不多。只要王俊在看书，父母顺其自然，不去理会他。这样，王俊就越来越觉得，只有看书才是最有意思的事情。父母与世无争，对他的期望值不高，也没有什么要求，只要他以后高中毕业，能找到一份工作就可以。所以，王俊自己也就没有什么大的志向了。

上了中学以后，王俊的成绩一般，特别是他因为有轻度口吃，上课回答问题时特别紧张，面红耳赤，语无伦次，词不达意，几乎不敢在同学面前表达自己的想法，更不敢与同学讨论问题。时间长了，他越来越不喜欢去学校了。他想，要不干脆不读了，过几年自己找份工作就可以了。他父母虽然不在意他的成绩，但还是希望他继续读书的，于是找到学校的老师。老师要求他每天用10分钟左右的时间大声读一篇优美的文章。并要求他的父母经常听他读文章，然后与他交流，对他肯定和表扬。这样，过了几个月，家里的气氛温馨多了，在课堂上说话也流利多了，王俊开始对未来产生了信心。

案例分析

一个缺乏自信的人，通常在心理上会有如下的特点：

1. 思维比较消极，常常往坏处想；
2. 做事犹豫，行动力较弱，想法却很多；
3. 容易情绪化和走极端；
4. 有时为了证明自己的存在，会挖空心思哗众取宠；
5. 常常取悦他人，为交朋友而交朋友，以证明有个人的能力；

6. 常常顽固而有些自闭，或显得敏感多疑等。

这个故事中，王俊没有自信主要是基于以下的原因：

首先，是父母缺乏自信，而且，带他长大的外婆也是一个不自信的人，这就像一种家族遗传。所以，如果我们的父母不够自信，那我们就应该多接触有自信的成年人，如老师或朋友，以弥补“自信基因”上的不足。

其次，生理上有口吃的问题。生理缺陷常会影响我们心灵的发展，从而养成了退缩的性格和自轻的态度。所以，要接纳自己的弱点，并想办法发展其他的优点来弥补。

再次，缺乏足够的交流和鼓励，使语言的发展受到阻碍，乃至影响了社交能力的发展。交流的人越多，获得认可的机会就越多，我们就会越发自信。如果无论在家里，还是在学校，我们都不能充分沟通，就不能得到别人的肯定。

最后，缺少成功经验。成功能酝酿成功，形成良性循环，失败也同样。所以，我们要学会发现自己的成功之处，并接受挑战，完成有可能成功的任务。

行动指南

要拥有自信，或者提高自信，不是一件容易的事，必须通过一定的方法和技巧。例如，我们可以通过以下的方法：

1. 制造成功经验

真正的自信总是建立在真实的成功的经验之上的，而不是空中楼阁说说而已。因此，我们要努力去创造一些可以让自己经过一定的努力可以成功的经验。这就涉及我们的目标，一定要稍微高于我们现有的水平，但又不能太高，以便我们既可以达到，又不是那么容易达到。只有这样，我们才能一点一点进步，一点一点积累成功经验，从而有越来越多的自信心。

2. 自我肯定和鼓励

每个人在奋斗的路上，都需要肯定和激励。成功的人，有的有良师益友的鼓励，更多的则需要自我鼓励。小的时候，或许父母和老师没能给到我们很多的肯定，让我们对自己的能力有所怀疑，那么现在，我们已经长大了，应该自己负起责任，来对自己进行肯定。因此，经常对自己说些“挺不错！”“加油！”“再努力一下吧，下次一定会成功！”等，你同样可以获得自信的感觉。

3. 榜样法

榜样的力量是无穷的。挑选一个自己向往的成功人物，他不仅有高尚的道德品质、事业成就，也具有坚强的毅力和自信。去研究他的传记，了解一下他生平的所作所为，决心成为他那样的人物。这会帮助我们立志，让我们找到值得奋斗的目标，并为之努力。在这个过程中，我们也会有越来越坚定的信心，相信自己一定能够和榜样一样，获得成功。

4. 电视剧法

想象自己正在看一部电视剧，电视剧里的正面主角就是自己。正面主角身上所拥有的特质正是自己非常渴望拥有的某一些素质或能力。最重要的是，这个人物拥有很强的自信，并因此获得了成功。剧情可以任由自己去想象、编导、发展，尽量让每一个情节都突出自己身上的正面特质。这个电视剧最好是较长的连续剧。如果能每天都看，并且能看到更精彩的情节和自己更精彩的表现，你在剧中的形象就会投射到现实生活里，你就会真的变成剧中你所扮演的人物，加油吧！

附：

心理小测试：测测你的交友能力

请用“是”或“否”回答以下问题：

(　　) 1. 当你进入一间有很多人的房间，而你只认识其中少数几位时，你是否会感到紧张？

(　　) 2. 当你遇到不认识的人时，你是否会自告奋勇地进行自我介绍？

(　　) 3. 在大庭广众面前讲话，你是否会害怕？

(　　) 4. 你是否因担心可能的失败而避免尝试一种新的工作？

(　　) 5. 你交新朋友困难吗？

(　　) 6. 和陌生人交谈时难以启齿吗？

(　　) 7. 当一群人看到你便停止交谈，你会觉得他是在讨论你的不足吗？

(　　) 8. 你是否总想知道别人在背后是怎么讨论你的？

(　　) 9. 别人冷嘲热讽时，你觉得受到伤害了吗？

(　　) 10. 你是否经常有意争取别人的恭维？

(　　) 11. 你敢不敢承认自己的主要缺点？

(　　) 12. 你曾幻想如何去对付那些伤害你的人吗？

(　　) 13. 当你尝试某件事情失败后，你会轻易放弃吗？

(　　) 14. 当别人在你面前受到赞美和恭维时，你会觉得不舒服吗？

(　　) 15. 当别人在竞赛中赢了你，你会整天闷闷不乐吗？

(　　) 16. 你常嫉妒朋友或同学的成功吗？

(　　) 17. 别人成功时，你会立即真心赞美吗？

(　　) 18. 别人批评你后，你会长时间耿耿于怀吗？

(　　) 19. 你喜爱和别人比较，因而产生不平衡心态吗？

(　　) 20. 你容易受流行观念的影响吗？

自信量表的答案：

5乘答“是”的题目数，就是你的总分。

0～20分：你很有信心。

25～45分：你的信心尚佳，但还可以再提高。

50～70分：你的自信程度不理想，应努力加以改善。

80～100分：你的自信程度很低，需要寻求老师或朋友帮助自己提高自信。

小故事 永远不要过早地宣判自己

她出生在瑞典，很小的时候母亲就去世了，不得不由她的叔叔来做她的监护人。15岁那年，学校排演了一出戏剧，长相俊俏的她被选中在剧中演一个角色，她十分高兴，认真地排练。演出的那天，她发挥得非常好，受到了全校师生的称赞，她出色的表演才能被发现了。从那时起，她就在心中为自己确定了理想——要成为一名优秀的演员。

但她的叔叔不支持她的想法，她的叔叔是个很保守的人，认为当演员没什么出息，正经人家的孩子还是应当找个售货员或秘书之类的职业。她对叔叔给自己安排的职业不感兴趣，在内心深处，她一直向往着能成为一名演员。18岁那年，斯德哥尔摩的皇家戏剧学校招生，她想去报考，便向叔叔表达了自己的想法。叔叔考虑了一下，对她说："我只给你这一次机会，如果考不上，你就得按照我的安排去做。"她答应了，在随后的日子里，她就开始为考试做准备。

她十分珍惜这来之不易的唯一的一次机会，她精心准备了一个小品，在家里反复排练，就连睡觉做梦都在演节目。考试那天，她早早地来到了考场，轮到她上台表演了，她走到台上，开始表演自己的小品，演到一半的时候，她发现所有的人都在相互议论着什么，还用手比比划划的，根本没看她的表演，她极度失落，认为自己肯定没戏了，一分心，她又把台词忘了……正慌乱的时候，她听到评判团的主席对她说："停下吧，谢谢你，请下一个上来表演吧。"

她沮丧地走下台去，伤心极了，因为她知道自己永远地失去了这个机会。她一边走一边哭，感觉活着已经没有什么意义了，就想一死了之。她来到一条河边，打算跳下去结束自己的生命。水是暗黑色的，闪着油光，发着臭气。她想，这水多脏啊，我就是死也不能这么死啊。于是她便离开了河边，考虑用别的方法结束自己的生命。

那天晚上，她写好了遗书，并把自己的东西都整理好了。她打算第二天去商店买一种可以致命的药水，用来结束自己的生命。第二天早上，她起来后正打算出门，邮差忽然来了，递给她一封信，她打开一看，是皇家戏剧学校寄来的，竟是录取她的通知书！她简直有点不敢相信，拿着录取通知书就跑到了学校。她找到了昨天那个评判团主席，对他说："我昨天表现得那么差，你们对我那么失望，可为什么今天还录取了我呢？"评判团主席说："你昨天的表现相当出色啊！在昨天所有的考生中，你的表现是最好的，所以你上来演了没几分钟，我们大家便在下面纷纷议论，都认为你有出色的表演天赋，都为你高兴。当时，有个评委说这样的能力就不用再演了，直接录取吧，于是我就让你停下，换下一个上来……"听了这一席话，她非常吃惊，而且十分后怕，她想，如果不是那河里的水太脏，可能自己真的就永远失去了这次机会！

就这样，她顺利地进入戏剧学校学习，毕业后到电影厂工作，成为了一名电影演员，在此后的演艺生涯中，她先后出演了《卡萨布兰卡》《爱德华大夫》《东方快车谋杀案》等影片，先后三次获得奥斯卡金像奖，成为光芒四射的国际巨星，她就是英格丽·褒曼。

很多年以后，已经是大明星的英格丽·褒曼在接受采访时谈起了当年险些自杀的事，她深有感触地说："这件事给我的启发是：永远不要过早地宣判自己，因为转机随时都有可能发生，一切都有可能改变，一切都有可能是另一个样子！"

思考题：

这个小故事中，为什么英格丽开始会有自己已失败的想法？我们如何才能有真正的自信？

第二节
自卑的我

自卑虽是与骄傲反对，但实际却与骄傲最为接近。

——斯宾诺莎

自卑，是一种不能自助和软弱的复杂情感。有自卑感的人轻视自己，认为无法赶上别人。自卑感重的人经常显得抑郁、胆怯、失望、忧伤、害羞、不安和内疚等。自卑容易使人变得十分敏感，经不起任何刺激。自卑感一旦形成，就会抑制我们的身心发展，使我们的思维与应变能力减退，并形成孤僻、懦弱、虚伪的性格，甚至走向悲观厌世，自我毁灭。

其实，每个人都有一些不如别人的地方，所以在潜意识中都有自卑心理存在。自卑的形成通常是在我们童年时期，童年经历过不幸、在压抑环境中长大的人更容易产生自卑感。但是，自卑并不是不能改变的，随着我们成功经验的积累，自卑过的人也可以变得阳光、自信起来。可以说，我们变得优秀的过程，就是不断克服自卑的过程。

但是，一个人如果被自卑情绪所控制，而不能超越的话，其身心发展及交往能力将受到严重的束缚，聪明才智也得不到正常的发挥，严重的会使他失去进取的动力，毁掉宝贵的自尊心、自信心。总之，自卑会使我们的学习、行为、生活能力的发展受到阻碍。因此，我们一定要努力地超越它。

黄欣的故事

今年，因为搬家的缘故，黄欣从一所普通中学转学到了现在这所学校。这所学校虽然不是什么名校，但是因为地处教学质量比较高的学区，所以大多数学生的家

庭条件都比较好。和这些同学相比，黄欣的家庭条件就差一些，爸爸常年在外地工作，妈妈也只是普通的职员。从一些同学的眼光中，她也感觉到一些不屑。再看看自己，长得也不好看，男孩女孩好像都不太愿意和她做朋友，甚至在她表现出色的时候，也是如此。有一次，她的作文写得特别好，受到语文老师的表扬，还让她在班上当众朗读，这个时候，她就听到下面有人窃窃私语，在说一些难听的话，比如："这个作文真是她写的吗？""我看是别人帮写的吧？"还有一次，她拾金不昧，做了好事不留名，后来失者通过其他渠道，打听到她，然后将感谢信送到学校，结果受到了学校表彰，还上台领了奖，可是却听到有人说，"她也能上台领奖，这样的好事怎么会给她遇上？"黄欣听了心里很不好受，难道她就不能和别人一样接受荣誉吗？就低人一等吗？

每每这样想着，黄欣就忍不住淌出泪来。望着镜子中的自己，那是一个身材瘦小的女孩，穿着很宽松的校服，显得有些发育不良，脸瘦长瘦长的，布满了粉刺，皮肤颇为粗糙，头发有些蓬乱，神态显得很疲倦，眼圈略有些发黑，表明连日来睡眠不足。眼睛里透着一种特别在意别人眼光的敏感。现在在班上，她觉得自己是最自卑的人，所以，每每想到要去上学，就有点郁郁寡欢。这样下去，可怎么办呢？

案例分析

一个人自卑心理的形成是有原因的，以下几个方面是常见的诱因：

1. 生理方面自认为不够"好看"

爱美之心，人皆有之。随着我们年龄的增长，开始进入青春期，会对自己的外貌越来越重视，如果五官、容貌、身材、体质等任何方面有明显缺陷，甚至不是明显缺陷，但不是特别好看，都会引起学生"自惭形秽"的心理。黄欣长得不够漂亮，她也为此而自卑，实际上，大部分人都是相貌平平的，也会因此而有点自卑，这很正常。

2. 达不到“理想自我”

有些同学对自我认识不足，定位不准，眼高手低，出现现实与目标的差距，对自我产生怀疑，逐渐产生自卑。有时候，这种理想自我来自家长的苛求，过分的望子成龙望女成凤的思想。家长往往提出超越孩子自身所能承受的要求，孩子因无法完成要求而产生自卑心理。大多数人都在心中构想一个“理想自我”希望自己能尽善尽美，如黄欣也和多数同学一样，希望自己的学习出类拔萃，容貌人见人爱，希望老师经常表扬自己，父母也对自己倍加赞赏。可一旦自己在现实中的表现达不到“理想自我”的要求，心理就会失调。现实中，大家对她的反馈不是她所期望的，就引起了心理紧张，产生“我不如人”的感觉。

3. 人际交往障碍

造成中学生交往障碍的原因很多：有因为单亲家庭缺乏温暖的，有父母不善于与孩子交流沟通的，有小孩儿胆小内向形成的。这些孩子交往能力差，表述困难。结果，不敢参加集体活动，不敢与人正常交往，增强信心和增加经验的机会无形中被大大减少了，久而久之，形成自卑。黄欣转学后，没有和同学建立良好的关系，这也会加重她的心理负担。

4. 学习上的失败和挫折

比如在学习上，经过努力也没有明显的进步，经过多次的失败与挫折以后，就降低了自信心。由于缺乏耐心和毅力，于是自怨自艾，灰心失望，以致“破罐子破摔”，最终导致自卑感的形成。

5. 经济条件欠佳

在市场经济条件下，拜金主义、享乐主义等西方思想侵入校园。学生之间相互攀比，从衣服、学习用品到生日花销等都成为他们攀比的内容。与那些家庭经济情况较好、出手阔绰的学生相比，经济条件不好的同学容易产生心理上的反差，渐渐开始情绪低落、意志消沉甚至悲观失落，形成自卑心理。

以上的原因，其实都是外在的。自卑的真正原因，是内在力量的不足，自我价值感较低的体现。在内心深处，我们觉得自己不如别人，这通常都是受到太多比较和批评所致。所以，化解自卑的关键，是把对别人意见的重视，转移到自己可以把握的努力方向上来。当我们真正接纳了自己的优点和不足，不如别人的地方反而会成为我们进步的动力。

行动指南

自卑是可以改变的，青少年时期在某些方面感到自卑是很正常的，毕竟我们还在成长、成熟的过程当中。也正是这样，我们才会去努力塑造一个更好的自己。那么，要改变自己的自卑心理，把自卑转变成激发自我的动力，要如何做呢？不妨试试以下的方法：

1. 改变形象法

心理自卑的人，通常会表现出服饰保守，说话吞吞吐吐，走路畏缩等特点。从改变服饰、说话的音量、走路的姿势入手，便可以改变心态。所以，昂首阔步的举止以及整洁大方的打扮也是克服自卑心理的一条捷径。我们应注意改掉种种不自信的姿态，经常穿整洁大方的服装，讲话爽快，走路昂首阔步，等等。

2. 成功日记法

自卑往往是受到挫折、失败导致的。其实，每个人都有很多成功的时候，只是我们没有留意。建立自信，需要有成功的经验，并且要记住这些经验。科学研究表明，每一次成功，人的大脑便有一种刻画的痕迹——动作模式的电路纹。当人重新忆起往日成功的动作模式时，又可重新获得那种成功的喜悦，从而消除自卑，充满信心。所以我们每天应该记录成功日记，把当天的大小成功记录下来，如回答出老师的一个问题这样一个小成功。经常看这份记录，重温成功的心情，慢慢会让自己变得有信心。

3. 发挥长处法

“尺有所短，寸有所长。”每一个人都有自己的长处和优势，同时也有自己的短处和劣势。如果用其所短，而舍其所长，就连天才也会丧失信心，自暴自弃。相反，一个人若能扬长避短，强化自己的长处，就是有残疾的人也能充满信心，享受成功的快乐。因此，要善于发现自己的长处和优势，争取发挥长处的机会和条件，建立稳固的自信基础。

4. 合理目标法

不要追求过高的目标，对于别人的要求，也好衡量自己的能力，最好制定自己可以跳一跳就达到的目标，这样就减少了碰到挫折的机会。目标不仅要合理，也要有方法去实现。大目标应分解成若干小目标，做到一学期、一个月、甚至一个星期都有目标可寻。目标变得小而具体，就易于实现，这样一来我们每时每刻都容易有成功感，就可更快地进步。

附：

心理小测试：测测你的自卑感的来源

根据每道题的答案，选择最适合你的内容。

(　　) 1. 与周围人相比，你觉得自己身高如何？

A. 相当低　　B. 差不多　　C. 高

(　　) 2. 在早晨照镜子的时候，你常常会有什么样的感觉呢？

A. 再漂亮点就好了

B. 要仔细打扮

C. 满不在乎，毫不在意

(　　) 3. 最近和朋友拍了一些照片，看着自己的照片，你有何感想？

A. 不称心　　B. 很好　　C. 还可以

(　　) 4. 如果让你对自己的性别再做一次选择，你会？

A. 换一种性别

B. 仍然是现在的性别

C. 无所谓

(　　) 5. 对于将来，有没有让你目前很担心的事情？

A. 常有　　B. 没有　　C. 偶尔有

(　　) 6. 自己是一个受欢迎的人吗？

A. 是　　B. 不是　　C. 不太清楚

(　　) 7. 你有被同学或朋友起绰号、挖苦的经历吗？

A. 常有　　B. 没有　　C. 偶尔有

(　　) 8. 考试结果下来了，同学们要看你的分数，你会如何？

A. 把打分的地方藏起来，不让他们看

B. 让他们看

C. 不让他们看

(　　) 9. 在体育比赛活动中，你有过自暴自弃的念头吗？

A. 有　　B. 没有　　C. 偶尔有

(　　) 10. 对于自己很擅长的一件或两件事情，你有过毫不亚于他人的想法吗？

A. 有一两件

B. 从来没有

C. 不是特别之事毫不在意

(　　) 11. 当自己遇到很寂寞或烦恼的事情的时候，你会如何？

A. 陷入烦恼

B. 忘却

C. 向朋友和家人诉说

(　　) 12. 当自己被异性看作是“不知趣的人”或“蠢东西” 的时候，你会怎么办？

A. 我也回敬他（她）：“笨蛋，没教养！”

B. 心中感到不好受

C. 不在乎

(　　) 13. 当听到别人说你朋友的坏话，你会怎么办？

A. 断然否认

B. 心里担心会不会是真的

C. 不管闲事，认为这是别人的事，我不管

(　　) 14. 一门功课，自己已经付出了很大努力，结果还是输给了别人，此时你会如何？

A. 继续努力，争取超过

B. 只好认为不行

C. 在其他学科上超过他

分数统计

题号	1	2	3	4	5	6	7	8	9	10	11	12	13	14
A	5	5	5	5	5	1	5	3	5	1	5	3	1	3
B	3	3	1	1	1	5	1	1	1	5	1	5	5	5
C	1	1	3	3	3	3	3	5	3	3	3	1	3	1

14～29分　A型

30～44分　B型

45～60分　C型

61～70分　D型

答案解析

★A型——环境变化造成自卑

你平时没有什么自卑感，你对自己的才能充满自信，无论情况如何变化，你都是一个乐天派。如果你有了自卑感，那是环境起了变化的缘故，譬如当你进入了出类拔萃的同学相聚一堂的学校。

★B型——理想过高造成自卑

你有过分追求、过于理想化的缺点。你不满足现状，想出人头地，导致你去追求不切实际的幻想。也可以说，你过于与周围的一切人计较长短胜负，过于追

求虚荣。

★C型——先入为主的消极观念造成自卑

你在做事前就过早断定自己不如别人，这种带有主观臆断的心态主要原因是你不了解周围人的真实情况，不清楚使你焦躁思虑的事情的本来面目。情况可能完全不是你想象的那样。因此，你的自卑感完全是你的先入为主的观念在作祟。

★D型——性格怯懦造成自卑

你易用消极悲观的眼光看待事物，对自身的体魄和外貌缺乏自信，光是看到不利之处进而使自己进一步转向消极。不管与人交往还是学习功课，畏首畏尾，缺乏勇气，只会使情况变糟。

小故事

杜兹纳的拜师故事

法国名画家纪雷有一天参加一个宴会，宴会上有个身材矮小的人走到他面前，向他深深一鞠躬，请求他收为徒弟。纪雷朝那人看了一眼，发现他是个缺了两只手臂的残疾人，就婉转地拒绝他，并说："我想你画画恐怕不太方便吧？"可是那个人并不在意，立刻说："不，我虽然没有手，但是还有两只脚。"说着，便请主人拿来纸和笔，坐在地上，就用脚趾头夹着笔画了起来。他虽然是用脚画画，但是画得很好，足见是下过一番苦功的。在场的客人，包括纪雷在内，都被他的精神所感动。纪雷很高兴，马上便收他为徒弟。这个矮个子自从拜纪雷为师之后，更加用心学习，没几年的工夫便名扬天下。他就是有名的无臂画家杜兹纳。

没有手竟然能成为画家，是不是很不可思议？这个故事告诉我们，要有排除万难的毅力和恒心，你就能创造奇迹，做到别人做不到的事情。

思考题：

这个小故事中，杜兹纳用什么方法成功拜师？他依靠的是什么力量？

第三节

自恋的我

自恋是天性，比自恨站得住脚。有不自信的绝对没有不自恋的。自恋是原罪，没治。

——冯小刚

自恋一词来自于一个凄美的古希腊神话：山林女神爱上了美少年那西斯，却被他拒绝，女神憔悴而死，化为山谷间的回声。报复之神闻知此事后，惩罚那西斯与自己水中的倒影相恋。自此，那西斯每天思念水中的倒影，茶饭不思，憔悴落水而死，变成了一朵花，后人称之为水仙花。心理学家借用这个词，用以描绘一个人爱上自己的现象。

自恋是一种借着成功的经验而产生的自我价值感，是一种认为自己值得被珍惜、被保护的真实感觉。自恋其实是人类的一般本质，每个人本质上都是自恋的，自恋是对自我存在的一种认可。自恋也是一种包含自信的积极态度，对个人的发展有有利的一面。所以，有很多成功人士可以说有着相当程度的自恋。

正常的自恋是健康的，只有过度自恋才是不健康的。过度的自恋会带来行为上的夸张，导致自满、自负、自我，或自私，会损害自己和他人的身心健康。最新研究发现，我国独生子女有自恋倾向，这种自恋应该得到更多社会关注。所以，我们应该关注自己身上的自恋，把它限制在合理正常的范围内，成为我们努力争取成功的动力，而不是阻碍。

菲菲的故事

菲菲今年六年级，她生性豪爽，非常自信，唯我独尊，脾气很差，不接受批评。这也难怪，她从小就多才多艺，人又聪明漂亮，学习成绩经常都是前几名，她还是文艺委员，每次都会代表学校去参加区里的文艺演出，大人见了她都要夸几句，爸爸妈妈也都为她骄傲。

可是渐渐地，菲菲变得目中无人起来，对老师还算恭敬，但是在同学面前就不那么收敛了，说话肆无忌惮，经常会讽刺一些成绩差或者长相不好的同学。大家渐渐开始有点不喜欢她，但又总有几个同学围着她，恭维她，所以她始终自我感觉良好。这不，最近她还和她最要好的朋友洁洁闹翻了。

洁洁和她自幼一起长大，一直是好朋友。洁洁文静、保守，在菲菲身边就像一片安静的绿叶，衬托着她。随着菲菲日益高傲，她开始觉得洁洁没个性、没主见、被动、窝囊，就有点瞧不起的感觉。有一天，洁洁的绘画作品获得了学校展览一等奖，几个同学围着她称赞，菲菲心里酸溜溜的，就大声说："画画有什么了不起呀！有本事跳个舞看看，可惜呀，有人好像没有音乐细胞呢！"洁洁顿时满脸通红，说不出话来，菲菲得意极了。后来，洁洁见到菲菲就不再理会她了。班里的同学，也都慢慢疏远了菲菲，她成了"孤家寡人"，再也高兴不起来了。

案例分析

自恋的人一般都认为自己是一个重要人物，总是非理性地夸大自己的重要性，好像没有他们地球就不能转动了。他们一个显著的心理特征是需要被人持续地赞美。比如说，你很能干，你很漂亮，这个工作你做得很好，你是我最喜欢的人，等等。没有赞美，自恋型人格的人就无法快乐生活。

他们过度自我重视、夸大，对别人缺乏同情心。他们总是认为自己将获得无止境的成功、权力、荣誉，认为自己生在世上就享有一种特权。除此之外，他们对别人的议论也是颇为关心的，一旦听到赞美之词，就沾沾自喜，反之，则会暴跳如雷。

他们对别人的才智十分嫉妒，有一种"我不好，也不让你好"的心理。在和别人相处时，他们很少能设身处地地理解别人的情感和需要。如菲菲嫉妒洁洁的画作获奖，并得到同学们的关注，所以故意出言打击洁洁。因此，在人际关系上，自恋的人是个失败者。自恋的人总会时时出现各种情绪困扰，如抑郁、烦恼等，并伴有失眠、头痛等生理症状。

自恋人格的形成有两种原因，主要是在孩提时期，因为缺乏父母真心的关爱，形成了以下两种行为：

第一，为了获得认可和关注，变得具有表演特质。父母并没有给他们提供安全感，对孩子的内心需求和痛苦不屑一顾。孩子的内心深受伤害，但同时，还得尝试在缺乏关爱的情形下生存。导致的结果就是孩子通过模仿作为一种尝试，发现通过表演可以操控父母及其他人，带上伪装的面具，以便得到他们渴望的东西。他们变得自私、无情，成为一个操控高手。

第二，在过分宠溺的环境下成长。成长过程中，他们从未因自私或伤害他人的行为而引发负面的评论，从而成长为 “超级小孩”。他们完全不懂得要尊重他人，他们认为自己是神，是上帝，是至高无上的，非常自我。菲菲就是在这种环境中变得过度自恋的。

行动指南

自恋型人格的自我中心特点大多表现为自我重视、夸大、缺乏同情心、对别人的评价过分敏感等。对自恋型人格的调整，一般可采用以下方法：

1. 解除自我中心观

自恋型人格的最主要特征是自我中心，而人生中最为自我中心的阶段是婴儿时期。由此可见，自恋型人格患者的行为实际上退化到了婴儿期。要治疗自恋型人格，必须了解那些婴儿化的行为。你可把自己认为讨人厌嫌的人格特征和别人对你的批评罗列下来，看看有多少婴儿期的成分。例如：

（1）渴望持久的关注与赞美，一旦不被注意便采用偏激的行为。

（2）喜欢指使别人，把自己看成“太上皇”。

（3）对别人的好东西垂涎欲滴，对别人的成功无比嫉妒。

通过回忆自己的童年，你可发现以上人格特点在童年有其原型。例如：

（1）总是渴望父母关注与赞美，每当父母忽视这一点时，便要无赖、捣蛋或做些异想天开的动作以吸引父母的注意。

（2）童年时衣来伸手，饭来张口，父母是“仆人”。

（3）总想占有一切，别的小朋友有的，自己也想有。

明白了自己的行为是童年幼稚行为的翻版后，你便要时常告诫自己：

（1）我必须努力学习，以取得好的成绩来吸引别人的关注与赞美。

（2）我不再是儿童了，许多事都要自己动手去做。

（3）每个人都有属于自己的好东西，我要争取我应得到的，但不嫉妒别人应得的。

还可以请一位和你亲近的人作为你的监督者，一旦你出现自我中心的行为，便给予警告和提示，督促你及时改正。通过这些努力，自我中心观是会慢慢消除的。

2. 学会爱别人

对于自恋的人来说，只抛弃自我中心观还不够，还必须学会去爱别人，唯有如此才能真正体会到放弃自我中心观是一种明智的选择，因为要获得爱首先必须付出爱。

弗洛姆在他的《爱的艺术》一书中阐述了这样的观点：幼儿的爱遵循“我爱因为我被爱”的原则；成熟的爱遵循“我被爱因为我爱”的原则；不成熟的爱认为“我爱你因为我需要你”，成熟的爱认为“我需要你因为我爱你”。通过爱，我们可以超越人生。自恋型的爱就像是幼儿的爱，不成熟的爱。因此，要努力加以改正，学会关心他人，以己度人，了解他人的感受和需要，逐渐能够达到兼顾自己和他人需要的圆满境界。

3. 掌握真本领

现在，人的价值观发生根本变化。注重自我意识，关注内心，表现自我，追求自我实现，已被当下人认同并实践。这无可厚非，每一个时代都有其不同的价值趋向。关键是，在这种集体情绪透露的审美里，初涉社会的青少年，要练好内功，去发现真正的自我，客观认识自我的优点和缺点，发挥优点，改正缺点，学会增加才能。这种建立在真实能力上的本事所带来的自信，比表现在形式上自欺欺人的自我陶醉，岂不是更能满足我们吗？

附：

心理小测试：测测你的性格类型

下面一组问题可以帮助你判断自己的性格类型。每个问题中有四个方格，在最符合你情况的那个方格中填4，其次填3，再次填2，最不符合的填1。

1. 我给别人留下的深刻印象是：

A. 经验丰富 □

B. 热情 □

C. 灵敏 □

D. 知识丰富 □

2. 当我按计划工作时，我希望这个计划能够：

A. 取得预期效果，不要浪费时间和精力 □

B. 有趣，并能和有关人一起进行 □

C. 计划性强 □

D. 能产生有价值的新成果 □

3. 我的时间很宝贵，所以总是首先确定要做的事：

A. 有无价值 □

B. 能否使别人感到有兴趣 □

C. 是否安排得当，按计划进行 □

D. 是否考虑好了下一步的计划 □

4. 对我来说，最满意的情况是：

A. 比原计划做得多 □

B. 对别人有帮助 □

C. 通过思考解决了一个问题□

D. 把一个想法和另一个想法联系起来 □

5. 我喜欢别人把我看成一个：

A. 能完成工作任务的人 □

B. 充满热情和活力的人 □

C. 办事胸有成竹的人 □

D. 有远见卓识的人 □

6. 当有人对我无礼时，我往往：

A. 立即表现出不快 □

B. 心情不快，但能很快消除 □

C. 谴责对方 □

D. 不去理他，考虑自己的事 □

填好以后，把6道问题中A、B、C、D，4项的分数分别相加，得出4个总分。

总分A____ B____ C____ D____

总分最高的一项，就是你性格的基本类型。

A．敏感型 B．感情型 C．思考型 D．想象型

A类：敏感型——精神饱满，好动不好静，办事速战速决，但行为常常具有盲目性。他们在与人交往中，往往会拿出全部热情，但在受挫折时，又容易消沉失望。

B类：感情型——感情丰富，喜怒哀乐溢于言表。别人很容易了解其经历和所受的困苦。不喜欢单调的生活，爱刺激，感情用事。讲话写信热情洋溢。在生活中喜欢鲜明的色彩，对新事物很感兴趣。在与人交往中，容易冲动，容易反复无常、傲慢无礼，所以与其他类型的人不易相处。

C类：思考型——善于思考，逻辑思维发达，有较成熟的观点，一切以事实为依据，而且一经做出决定，能够持之以恒。生活、工作有规律，爱整洁，时间观念强。重视调查研究。但这类人有时思想僵化，教条，喜欢纠缠细节，办事缺乏灵活性。

D类：想象型——想象力丰富，对未来很憧憬，喜欢思考问题。生活中不太

注重小节。对那些不能立即了解其想法和价值的人往往很不耐烦，有时行为刻板，不容易合群。

小故事　品酒师的称赞

有一位了不起的鉴赏家，他是一名品酒师。一个朋友邀请他去家里，因为他有一些非常古老的有价值的酒，想给鉴赏家尝尝。他想得到鉴赏家的赞赏，于是拿出一种最名贵的酒。鉴赏家品尝了一下，却保持沉默，没有说任何话，甚至不说它是好的。朋友觉得受到了伤害，然后又拿出一种非常粗糙的普通的酒。

鉴赏家品尝了一下说："非常非常好、很好！"

收藏家糊涂了，他说："我被搞糊涂了，我给你最稀有、最名贵的酒，你保持沉默；但对这种普通的酒，一点都不名贵、粗糙的酒，你却说：'非常非常好！'"

鉴赏家说："对第一种酒，没有人需要说什么，它本身已经说明；但对第二种，必须有人赞扬它，不然它会受挫！"

思考题：

不同的人对这个小故事有不同的理解，对你有何启发呢？

第四节

自虐的我

幻想出来的痛苦一样可以伤人。

——海涅

如果和好朋友吵架了，你是不是觉得都怪自己？如果别人求你帮忙，但是你没有时间，当你解释时是不是觉得很愧疚？你是否总会感到是自己做得不够好，总把责任归到自己的身上？其实，这就是一种自虐心理。不要过于担心，自虐是很普遍的现象。心理学家发现，世界上大约有一半的人都有自虐倾向。

自虐就是折磨自己。生活中，那些总是顺从别人的人，自虐心理都比较强。这些“老实人”和“老好人”，很少得罪人，可以用“与世无争”来形容。当别人提出一些要求的时候，哪怕是无理的，为了避免因为自己不同意而触怒别人，他们也总是表现得很配合，即使在很多时候，他们心里并不是这样想。

在心理学上，自虐有躯体自虐和精神自虐，当心情郁闷时，加于自身的行为或方式，是一种非常态心理。自虐者多数对自己不认同，有对自己进行惩罚的意思。

自虐和自残有很大的不同，自虐一般目的性很明显，比如，为了挽救失去的感情割腕自杀，自杀是自残的最极端境界。近年来，越来越多的媒体报道关于自残的事件，而其中以青少年居多。自虐则只是一种心理不平衡的状态，因为对自己不认同就对自己进行惩罚，以获得一些精神上的发泄和释放。一般有自虐倾向的人比较孤僻，内向，人际交往差。因此，他们总是在默默承受着自虐带来的快感。

小艾的故事

小艾今年14岁，是一名初一女生。她的妈妈特别能干，也特别强势，在一家很大的公司担任管理职务。爸爸相反，脾气很温和，甚至有些软弱。从小艾有记忆的时候起，她就只记得母亲对自己挑剔、指责，要不就是强迫和压制。她好像从来没有享受过母性的温情和关爱，有时候，她甚至觉得自己其实没有妈妈。当妈妈指责她的时候，她也曾希望爸爸能站出来为自己说话，可惜爸爸总是唯唯诺诺，不敢吭声，因为如果他多说一句，也同样会招来责骂。小艾的妈妈根本就看不起自己的男人，感觉对他很失望，对他的不满也长期存在。长此以往，小艾也学会了对父亲发脾气。当她长大了一些以后，经常和母亲争执，争执不过就跟父亲发脾气，摔东西。

在这样的环境中长大的小艾，虽然很聪明，成绩也不错，但就是脾气暴躁，不耐烦。最近老师突然发现，她的手腕上多了一些伤痕，问过小艾以后，小艾轻描淡写地说："我用刀片划的呗！"还说："一开始是有点疼，后来我觉得挺'爽'的，也挺'痛快'的。""只有这样，我才能感觉到自己还活着。"老师赶快找来她的妈妈，她妈妈这时才意识到，自己女儿的问题有点严重，一定要寻求心理医生的帮助了。

案例分析

这个故事中，小艾的行为就是一种自虐，以及随之产生的自伤。之所以出现这种情况，主要有以下几个原因：

1. 不良家庭环境的影响

小艾的家庭中母亲过于强势、父亲相对软弱，家庭角色严重失调。母亲对小艾缺乏正面的关爱和温情，由于长期得不到家庭的温暖和关爱，导致小艾在情感上的缺失，同时觉得自己只剩下一个空壳，没有存在感。所以，家庭教育很重要，家庭里每一个人的行为都潜移默化地影响着孩子，大人怎样做孩子也会怎样做。小艾从小生活在母亲的否定和指责中，逐渐将母亲对自己的消极负性评价内化，形成了消极的自我概念，不能接纳自己，内心的自尊感极低，经常内疚、自责。

2. 表达性较差，无法宣泄愤怒

小艾长期处于被母亲否定和打压之下，无法表达自我的意见和看法，也不会表达。所以，她内心积压了大量的负面情绪、能量。到了青春逆反期，一定要找到一个突破口加以释放，因此小艾的叛逆心理极为强烈，脾气也越来越暴躁，情绪失控时甚至会乱摔东西，母女冲突更为激烈。小艾最终还是抗拒不过母亲的强势，于是在软弱的父亲面前发泄心中的愤恨。当个人有太多负面情绪，包括对外界的愤怒、强烈的焦虑或挫折感，就可能把自虐、自残当成应对压力的方式。

3. 个性不完善

有些个性容易引发自虐心理，如小艾这样自我要求极高、挫折容忍度又低的人，又如具有攻击性格的人，任性、易冲动的人，喜欢控制他人的人等。其他如缺乏自信、不善处理自己的问题和情绪的人，问题解决能力不足、遇事容易逃避的人，或者过度敏感、易受外在环境暗示的人，也都比较容易出现自虐及自我伤害的行为。

行动指南

那么，我们要怎样去摆脱自虐心理呢？

1. 学会拒绝，学会表达愤怒

大多数自虐的人，因为害怕别人对自己不满，而很少会表露自己的情绪。比如，一位同学的舍友很不讲卫生，他碍于面子，不提醒不反对，而是默默忍受日益恶化的宿舍环境，最终忍无可忍，只有通过打架来解决问题了。其实想要摆脱自虐心理，只要表达出自己的情绪，敢于说“不”，情况就可以得到好转。一个总是不敢拒绝别人的人，如果感觉自己不满意，不妨坚定地拒绝别人。这样，自己就不会因为无奈的承诺而烦恼；那些总是被欺负的“老好人”，只要提出自己的意见，争取自己的权利，那么就不会再出现因为没有成就感而自卑、自怨的状况了。

2. 减少自责，摆脱不必要的责任

很多自虐的人都把不该别人承担的责任揽到自己身上。比如别人生气了，自己就很内疚，但实际上别人也有错误。又比如，有个人母亲去世了，他责怪自己平时没有照顾好母亲，于是一味陷入深深的自责之中，并用酗酒来摆脱这种自责。所以，有自虐心理的人，如果能放下过多的责任，不要总是自寻烦恼，那么，自虐就会很快好转。不要和自己过不去，无论在身体上还是心灵上，只有放开心胸，幸福的指数才能提升。

3. 建立积极正面的自我形象

努力消除自己内心关于自我的大量消极评价，逐步建立积极正面的自我概念和自我评价，提高自尊水平，学会接纳自己，尊重自己，珍爱自己。可以放低对自己的要求，多交朋友，多与人沟通，也可以做一些提高自信的训练，提高成功感和幸福感。同时多参加体育运动和娱乐活动，可以旅游，参观画展，看电影，听音乐等，都会有很大帮助。当个人无法摆脱这种心理时，一定要及时找心理医生，在医生的帮助下摆脱这种不良的心理状态。

附：

心理测试：测测你对生命和死亡的态度

虽然蟑螂对大自然有所贡献，但人类似乎天生就讨厌蟑螂，见到了都喊打喊杀，你呢？见到蟑螂，你会有什么样的行为？

A. 随手拿起报纸或拖鞋，打扁或踩扁它。

B. 活捉蟑螂，然后用火烧。

C. 追着蟑螂，狂喷杀虫水。

D. 在蟑螂出没的地方放置蟑螂诱杀器，请君入瓮。

答案分析

选择A的人：

相信你很少思考“死亡”这个问题，而你本身也不是一个怕死的人。就算将来你知道自己的生命即将结束，你都会有勇气积极面对，绝对不会被恐惧折磨。真是潇洒！

选择B的人：

你是一个积极的人，但有时会因为心理因素表现得懦弱退缩。一旦遇到巨大挫折，你就会心灰意冷，甚至会考虑自杀！记得这种时候你需要寻求老师和他人的帮助。

选择C的人：

遇到不如意的事，你就会希望自己生病甚至“死了算了”，借此来摆脱烦恼。但你不会真的自杀，因为你不想承受不必要的痛苦。你其实也知道这些只不过是自暴自弃的抱怨，转眼想清楚了，又将雨过天晴。

选择D的人：

对于生死，你似乎已经想得很通透。“有生必有死”这个大自然现象的启示你早已领悟。你不会想到伤害自己，既然生死由天注定，就随遇而安吧！

小故事　被拍卖的小提琴

曾经有过一场被视为破烂拍卖会的拍卖。拍卖商走到一把小提琴旁——一把看起来非常旧、非常破、样子磨损得非常厉害的小提琴。拍卖商拿起小提琴，拨了一下琴弦，结果发出的声音跑调了，难听得要命。他看着这把又旧又脏的小提琴，皱着眉头、毫无热情地开始出价，10美元，没人接手。他把价格降到5美元，还是没有反应。他继续降价，一直降到0.5美元。他说："0.5美元，只有0.5美元。我知道它值不了多少钱，可只要花5毛钱就能把它拿走！"

就在这时，一位头发花白、留着长长的白胡子的老头走到前面来，问他能否看看这把琴。他拿出手绢，把灰尘和脏痕从琴上擦去。他慢慢拨动着琴弦，一丝不苟地给每一根弦调音。然后他把这只破旧的小提琴放到下巴上，开始演奏。从这把琴上奏出的音乐是现场许多人从未听过的最美的音乐。美妙的乐曲和旋律从这把破旧的小提琴上流淌出来。

拍卖商又问起价是多少。一个人说100美元，另一个人说200美元，然后价格就一直上升，直到最后以1000美元成交。

为什么有人肯花1000美元买了一把破旧的、曾经5毛钱都没人买的小提琴？因为它已经被调准了音，能够弹出优美的乐曲。

犹太人认为，一个人也像一把小提琴，你的心态好比琴弦，调整好了心态，别人就不会轻视你的价值。

思考题：

从这个小故事当中，你得到了什么样的启发呢？

第五节

完美的我

我能坚持我的不完美，它是我生命的本质。

——法朗士

你希望自己是个完美的人吗？或许，我们都希望自己在每个方面都达到最佳，但是，这并不意味着我们必须达到完美。因为完美总是相对的，没有永恒不变的所谓的完美。

社会的不断发展和日新月异，使我们青少年内心矛盾、冲突越发强烈。青春期本身在生理和心理方面的变化就很大，当我们没有足够的能力去承受或应对时，各种心理问题就开始出现。由于整个社会的竞争越来越激烈，学校中的竞争也日益增强，我们的学业及其他压力都比以前的学生大很多。

所以，我们在追求学业成功的过程中，长期处于身心疲劳、精神紧张、压力繁重的状态中，心理健康也受到损害，严重的情况还会诱发一些过度追求完美的偏执型人格障碍及强迫倾向。这种现象也同很多家长大有关系，有些家长希望孩子可以按照自己设想的方向去发展，希望孩子有很好的生活和学习习惯，并且各方面的表现都很优秀。殊不知，这种过分严苛的要求，会误导孩子从小就陷入完美主义中，做事谨小慎微，事事想要做到最好，久而久之，还可能导致不断洗手、锁门等各种强迫行为。

强迫症多发病于青少年，是日常生活中出现的一种强迫思维，使自己的行为不受自己控制，不由自主做些不必要的事情。儿童强迫症的发病率为0.5%～1%，到了青少年时期发病率会翻番，增加到1%～2%，平均发病年龄为9～12岁，儿童早期和青春早期是两个高发的年龄段。

仁军的故事

仁军瘦高个子、戴着眼镜，一副斯斯文文的模样，他是一位初三男生，从小到大都是班里的优等生。刚考进初中的时候，他在班里排名前三，但随后成绩就每况愈下，现在已

经掉到了二十名开外，父母担心他有学习方面的障碍。

平时，仁军的谈吐完全没有问题，但他自从上初中开始，就不断出现各种怪异行为。刚开始老觉得自己会忘带课本，出门前要整理好几次书包确认，随后是很在意课桌上各种书本摆放的次序，然后是关注前排同学的发型，说话时喜欢盯着对方的耳垂，脑海中不断重复一句话……每当有这种情况出现，他就很紧张，总想停止这样的举动，以免被人发现。可是他越紧张，就越想重复相同的动作或念头，直到自己被自己折腾得筋疲力尽为止。而且，当他有意去控制自己的行为，好不容易把一种奇怪的行为控制住时，另一种奇怪的行为又会出现。

仁军也发现了自己有点不对劲，他上网查过很多资料，核对过各种症状后，他怀疑自己是不是得了一种叫强迫症的心理疾病。后来，他找到学校的心理老师咨询，发现自己确实有强迫性的思维和行为，他发现自己确实需要帮助了。

案例分析

一般情况下，对于某一事物，如锁门时的检查行为，实施一遍两遍比较正常，不会对行为者产生困扰。但这种行为一旦被某一事件触痛，强烈地打乱行为者的思维平衡与情绪状态，使其心中的失落感、挫败感迅速增强，安全感丧失，当事者就会片面夸大消极因素的作用，并深刻地印在脑海里，以后每做一件事之前就会首先在脑海里浮现消极的、不安全的、怀疑的想法，做事时就会担心忧虑、反反复复，明知毫无意义却克制不了，越想抑制，负性思维越强烈，这就是强迫的过程。其形成原因通常与三个因素有关：

1. 高标准、严要求的父母

一个孩子个性的形成与家庭环境和家长的个性息息相关，比较固执的父母往往容易培养出有强迫个性的孩子。仁军的爸爸妈妈做事就是“一根筋”，不知道变通，而仁军在长时间的耳濡目染后，也跟他们一样容易钻牛角尖，凡事都爱苛求自己，强迫自己非要达到某个目标不可。所以，多争取一点自由发挥的空间，或许能让自己成长得更加阳光一些。

2. 外在竞争压力大

如学业压力持续较大，又如工作、生活环境的变迁，任务加重，处境困难，家庭不和，或由于丧失亲人，受到突然的惊吓，等等。正常人偶尔也有强迫观念，但不持续，而在外界因素影响下可能被强化而持续存在，从而形成强迫行为。

3. 个性固执、敏感、多疑

个性上追求完美，对自己的要求很高，很在意别人对自己的看法，因此成绩优秀的孩子反而更容易出现强迫想法、念头、行为等。按部就班、有条不紊、拘泥细节，甚至生活小节也要“程序化”，不遵守一定的规矩就感到不安，遇事犹豫不决，常推迟或避免作出决定，但对别人做事又很不放心。常具有不安全感，殚精竭虑，反复考虑计划是否妥当，唯恐疏忽和差错。

行动指南

那么，当我们发现自己有强迫的倾向时，该怎样做自我的调节呢？

1. 顺其自然，为所当为

首先，我们要弄明白什么是自然，也就是说你要知道什么是“自然规律”。比如白天与黑夜的轮回、天气有晴也有雨，这些都是大自然的规律，它是不能人为控制的，我们人必须遵循、接受这些规律才会过得快乐。倘若人整天都抱怨为什么会有黑夜，或者认为下雨是不应该的，那么就违背了自然规律，结果肯定是自讨苦吃。我们人本身也是存在一定的内在的自然规律的，比如情绪和杂念，它们本身就有一套从发生到消退的自然规律。你接受它、遵循它，它很快就会走完自己的规律而结束。所以不理会它，该做什么就做什么，它将不会影响你，很快就消失了。反之，你越去注意它，和它辩论、斗争，那么你就会被它束缚。

2. 转移注意力，做自己喜欢的事

人的注意力是有限的，如果关注自己喜欢做的事情，这样自然就没有精力再关注自己的问题。转移注意力不能刻意地转移，而需要一种自然的状态。只管走入自然状态，只管自然就是了，我什么也没刻意，我走入自然状态里，什么也不去执着，有追求但不刻意去追求，在没有刻意的自然生命过程里，处处有花开，处处有花赏。这样我们就会在自然的状态里走出心理困扰，达到尊严、自由、享受生活的美好状态。

3. 接纳不完美的自己

容易患上强迫症的同学，一般追求完美，对自己要求比较严格，并且坚信只有自己各方面都很优秀我们才能取得很好的成就，不容许自己有不完美。他们坚信“木桶理论”——一只水桶能盛多少水，并不取决于最长的那块木板，而是取决于最短的那块木板。因此拼命地去加长自己比较短甚至最短的那块木板，希望能与最长的木板比肩，处处追求完美，结果弄得自己疲惫不堪。过分地追求完美，反而会导致不完美，认同现在的自己，接纳不完美的自己，反而可以成就自己完美的人生！

附：

心理小测试：你是完美主义者吗？

试想你自己处在以下情景中，然后判断你在这种情形下，会以哪种方式思考和行动。

（　　）1. 你想与多年前熟识的同学联络，可是却又一次次推迟，因为好

像使他/她了解你这些年的状况似乎是一件很难的事，是吗？

A. 完全符合　　B. 基本符合　　C. 不太符合

（　　）2. 虽然你努力准备，但还是在争取一个班级干部名额的竞选中失败，你会连续几周感到沮丧和心不在焉，并且不断地想起你说错的话和做错的事吗？

A. 完全符合　　B. 基本符合　　C. 不太符合

（　　）3. 如果在你学习的地方有人挖苦或羞辱你，你会发怒并感到受伤害。但随即你会这样想："我应该能忍受这些，不能让它困扰。"是吗？

A. 完全符合　　B. 基本符合　　C. 不太符合

（　　）4. 如果你需要去见一个新的朋友，你会在事先做些准备吗？比如你会先减肥，达到完美的体型后再以最佳的状态去见面。

A. 完全符合　　B. 基本符合　　C. 不太符合

（　　）5. 由于干洗店没有及时地清洗你喜爱的餐桌布，你在就餐时感到很不舒服，并且不能尽情享受美味吗？

A. 完全符合　　B. 基本符合　　C. 不太符合

（　　）6. 在班级中你尽量避免参加班上的讨论会，除非你已经在事前做了充分准备，是吗？

A. 完全符合　　B. 基本符合　　C. 不太符合

（　　）7. 你正在写一篇作文，却找不到最心爱的钢笔，你会放下手头的工作直到找到它为止吗？

A. 完全符合　　B. 基本符合　　C. 不太符合

（　　）8. 当你在某个对你很重要的人物如老师或家长面前，你便会谨慎行事，要么费尽心思使谈吐恰如其分，要么干脆缄口不语吗？

A. 完全符合　　B. 基本符合　　C. 不太符合

（　　）9. 当你不得不当众发言而感觉慌乱时，你会在心里气愤地责备自己不争气吗？

A. 完全符合　　B. 基本符合　　C. 不太符合

（　　）10. 如果朋友要你请假陪她去某个地方，你碰巧有重要的事而不能陪他时，你会感到非常不安吗？

A. 完全符合　　B. 基本符合　　C. 不太符合

（　　）11. 节日期间，你会为花上几个星期的时间寻找合适的礼物而感到焦头烂额吗？

A. 完全符合　　B. 基本符合　　C. 不太符合

评分规则

选“A”得2分，选“B”得1分，选“C”得0分

分析解读

14~22分：你很接近于完全病态完美主义者，你对于期望过分坚持，而当你达不到目标时就会感到痛苦。

8~13分：你似乎对结果的期望不是很高，你只是在生活中的某些方面不够变通。

0~7分：你的目标和结果接近于现实，没有完美主义。

小故事　大师的学生

一位音乐系的学生走进练习室。钢琴上，摆放着一份全新的乐谱。

“超高难度。”他翻动着，喃喃自语，感觉自己对弹奏钢琴的信心似乎跌到了谷底，被消磨殆尽。

已经三个月了，自从跟了这位新的指导教授之后，他不知道，为什么教授要以这种方式整人？勉强打起精神，他开始用十只手指头奋战、奋战……奋战的琴音盖住了练习室外教授走来的脚步声。指导教授是个极有名的钢琴大师。他给自己的新学生一份乐谱。

“试试看吧！”他说。

乐谱难度颇高，学生弹得生涩僵滞、错误百出。

“还不熟，回去好好练习！”教授在下课时，如此叮嘱学生。

学生练了一个星期，第二周上课时正准备中，没想到教授又给了他一份难度更高的乐谱，“试试看吧！”上星期的功课，教授提也没提。

学生再次挣扎于更高难度的技巧挑战。

第三周，更难的乐谱又出现了，同样的情形持续着，学生每次在课堂上都被一份新的乐谱克死，然后把它带回去练习，接着再回到课堂上，重新面临难上两倍的乐谱，却怎么样都追不上进度，一点儿也没有因为上周的练习而有驾轻就熟的感觉。学生越发感到不安、沮丧及气馁。

教授走进练习室。学生再也忍不住了，他必须向钢琴大师提出这三个月来，何以不断折磨自己的质疑。

教授没开口，他抽出了最早的第一份乐谱，交给学生。

“弹奏吧！”他以坚定的眼神望着学生。

不可思议的事发生了，连学生自己都讶异万分，他居然可以将这首曲子弹奏得如此美妙、如此精湛！教授又让学生试了第二堂课的乐谱，仍然，学生出现高水平的表现。演奏结束，学生怔怔地看着老师，说不出话来。

“如果，我任由你表现最擅长的部分，可能你还在练习最早的那份乐谱，不可能有现在这样的程度。”教授，钢琴大师，缓缓地说着。

人，往往习惯于表现自己所熟悉、所擅长的领域。但，如果我们愿意回首，细细检视，将会恍然大悟，看似紧锣密鼓的工作挑战、永无歇止难度渐升的环境压力，不也就在不知不觉间养成了今日的诸般能力吗？

因为，人，确实有无限的潜力！有了这层体悟与认知，会让我们更欣然乐意面对未来出现的更多的难题！这篇文章让自己醒悟到要不断进步的原因，希望也能鼓励正在辛苦进步的你！

思考题：

这个小故事中，大师用什么方法提高学生的演奏水平？如果学生是你，你会怎样反应？

第四章

当爱在靠近（恋爱与性心理篇）

第一节

我的性别角色

有勇气做真正的自己，单独屹立，不要想做别人。

——林语堂

你通常认为男人应该是怎样的，而女人又应该具有什么样的特质呢？

或许，你会说：

男人是刚强的、果断的、勇敢的、自信的、爱吹牛的……

女人是顺从的、善良的、温柔的、胆怯的、爱打扮的……

对吧？

这就是我们头脑中的性别角色。性别角色是在某种文化下，人们赋予男人或女人合宜的角色行为。由于性别角色的存在，性别角色成见也就自然形成了。性别角色成见，是指一般人普遍对男女性格特质的刻板化的信念和态度。

性别角色是一个模仿习得的过程。有关研究认为，从婴儿期到青少年这一阶段，儿童性别角色成见的发展呈U形趋势。即年龄较小的儿童，由于其认知能力发展的局限，通常把规则看成是必须绝对服从的要求，因而不能容忍不适宜性别行为的出现。随着年龄增长，大一些的儿童由于能够认识到规则只是一种社会习俗，因而在性别角色认识上态度相对灵活。但是到了青春期，青少年由于性意识的觉醒，会产生强烈的与性别相联系的期望，因而会重新恢复到早期曾有的性别角色的刻板状态。所以，少男少女会特别看重和去发展有性别意味的特质。

谭梅的故事

谭梅是个11岁的女孩子，她是小学四年级的学生。在班里，她是个很有特点的女孩子。她的性格十分外向、大胆，也可以说泼辣。长得也是浓眉大眼，还剪了一头男孩式的短发，从来没穿过裙子。有时候，有陌生人问她的性别时，她就说："我是男孩呀！"

她平时也不爱与女同学玩，用她的话说，女孩子"很唠叨的"，却喜欢男孩子的游戏和活动，如赛自行车、爬山、远足、科技航模等竞技类或刺激性较强的活动。所以，她总是扎在男孩堆里，时间长了，男孩子也把她当哥们儿看待了。

谭梅的父母是个体户，他们做生意也算小有所成，家里经济条件还

可以，就是太忙，平时经常早出晚归，对谭梅的学习、生活基本上无暇顾及。她父亲出身农村，比较喜欢男孩子，所以谭梅出生的时候，看到是女孩，父亲挺失望，直接就从医院回家了。后来对谭梅也挺冷淡，谭梅从来没有得到过父亲的宠爱。家中只有外婆照顾生活起居，外婆文化水平低，没有办法管教她，结果任由谭梅长成了野性十足的“假小子”的模样。谭梅经常对别人说的一句话就是“要是我是男孩就好了”！

案例分析

在这个故事中，谭梅的问题是不能认同自己的性别，也就是不愿意做一个女孩子。为什么会这样呢？我们要了解，影响一个孩子性别认同的因素包括：父母自己对性别认同的认识；养育方式对孩子性别认同的影响；性别角色榜样作用对孩子性别认同的影响；父亲的独特作用对孩子性别意识发展的作用；其他如学校、社会等。

谭梅之所以会变成一个“假小子”，最重要的是和她父亲的影响有关。谭梅的父亲封建思想意识较严重，希望妻子生男不生女，以续香火，继承自己的生意。当得知谭梅为女孩时，感到非常失望，因此从小对谭梅的关心、爱护也较忽视，极少表示对女儿的喜爱，有时也在言谈中流露出对谭梅不是男孩的失望之情，父女之间缺乏交流。谭梅希望得到父亲的关心、爱护，总是下意识地在语言行为方面模仿男孩，借此引起父亲的关注。同时，谭梅的母亲性格懦弱，对丈夫百依百顺，言听计从，生了谭梅后，觉得对不起丈夫，因而有自怨自艾的情绪。母亲的表现令谭梅觉得女孩没用，在家中没地位，因而在潜意识中也希望自己是一个男孩。谭梅所在的班级也是男孩多女孩少，她爱与男同学玩，不愿与女同学相处。久而久之，受到许多影响，也是形成其男孩性格的因素之一。

心理老师找谭梅谈心，并向其介绍刘胡兰、宋庆龄、南丁格尔等古今中外著名的女性，告诉她，女性同样也可以为社会作贡献，同时请她观察本班女同学的表现，对比自己，指出女生男性化会给自己将来的生活带来不良后果。同时与她父母进行了沟通，帮助他们改变父亲重男轻女的思想，让他们在百忙中抽出空来关心女儿的学习、生活等行为习惯，以缓解谭梅目前的不正常的心理状况。要求谭梅每天佩戴蝴蝶结发夹，并说一两句称赞自己的话，如“我是女孩，我真漂亮!”“我的发夹真好看!”等。慢慢地，谭梅也开始学会自我接纳。

通过一段时间的辅导，谭梅的男孩性格改变了，平时乐于参加女同学之间的活动。艺术节表演的时候，她终于穿上了裙子，表演得十分精彩、到位，获得了师生们的一致好评，并留下了她穿裙子的照片以作纪念。

行动指南

青少年性别角色需要健康发展，这样才能发挥自身的优势，才能适应未来的婚恋和工作。

1. 有意识地吸收自己的性别信息，多与同性接触

当前我国青少年学生中性别角色模糊的人数大幅增加，其中一个重要原因就是媒体在对“中性”进行过度宣扬时，认为很“酷”。我们要学会认识男孩和女孩本身的一些优点，加以吸收了解。

2. 学会接纳、喜欢自己的性别

无论男生女生，都有自己的价值、优点和可爱之处。特别是女生，要找到自己性别的优点，过度的竞争容易使女性性别角色男性化，对女性的身心健康极为不利。女性不仅要事业成功，也要彰显其女性的优势与美德，做能从事女性活动又能从事男性活动的身心健康的个体。

3. 男孩子应大力加强体育锻炼

已有研究证实，体育锻炼有助于培养男性正性特质，而男性特质是双性化特质的核心。调查显示，我国有7.5%的男大学生为性别角色倒错，即男性表现为女性化，这对男性的发展极为不利。而体育锻炼是改变这种偏移的最好途径。

4. 拒绝父母的溺爱包办

父母的溺爱会使我们处于性别模糊的状态，也就是婴儿般的状态，从而难以从心理上成熟起来，发展出自己应有的特质和品格，以及性别意识。过度的爱会使我们优柔寡断，凡事缺乏主见，更难以养成有领导能力、胆大、乐于冒险、有判断力等特质。

附：

心理小测试：你的情绪稳定吗？

请你根据自身的情况，对下面的每一条从1（从不或几乎不正确）到7（总是或几乎总是正确）的尺度上给自己打分。

（　　）1. 自我信赖 1 2 3 4 5 6 7

（　　）2. 柔顺 1 2 3 4 5 6 7

（　　）3. 乐于助人 1 2 3 4 5 6 7

（　　）4. 维护自己的信念 1 2 3 4 5 6 7

（　　）5. 快活的 1 2 3 4 5 6 7

（　　）6. 忧郁的 1 2 3 4 5 6 7

（　　）7. 独立的 1 2 3 4 5 6 7

（　　）8. 害羞的 1 2 3 4 5 6 7

（　　）9. 诚心诚意 1 2 3 4 5 6 7

（　　）10. 活跃的 1 2 3 4 5 6 7

（　　）11. 情谊绵绵 1 2 3 4 5 6 7

（　　）12. 夸耀的 1 2 3 4 5 6 7

（　　）13. 武断的 1 2 3 4 5 6 7

（　　）14. 值得赞赏 1 2 3 4 5 6 7

（　　）15. 幸福的 1 2 3 4 5 6 7

（　　）16. 个性坚强 1 2 3 4 5 6 7

（　　）17. 忠诚的 1 2 3 4 5 6 7

(　　) 18. 不可捉摸 1 2 3 4 5 6 7

(　　) 19. 遒劲有力 1 2 3 4 5 6 7

(　　) 20. 女性的 1 2 3 4 5 6 7

(　　) 21. 可信赖的 1 2 3 4 5 6 7

(　　) 22. 善于分析 1 2 3 4 5 6 7

(　　) 23. 表示同情的 1 2 3 4 5 6 7

(　　) 24. 嫉妒的 1 2 3 4 5 6 7

(　　) 25. 具有领导能力 1 2 3 4 5 6 7

(　　) 26. 对他人的需求敏感 1 2 3 4 5 6 7

(　　) 27. 诚实的 1 2 3 4 5 6 7

(　　) 28. 乐于冒险 1 2 3 4 5 6 7

(　　) 29. 有理解力 1 2 3 4 5 6 7

(　　) 30. 守口如瓶 1 2 3 4 5 6 7

(　　) 31. 易于作出决策 1 2 3 4 5 6 7

(　　) 32. 有同情心 1 2 3 4 5 6 7

(　　) 33. 忠厚老实 1 2 3 4 5 6 7

(　　) 34. 自足的 1 2 3 4 5 6 7

(　　) 35. 乐于安抚受伤的感情 1 2 3 4 5 6 7

(　　) 36. 自高自大 1 2 3 4 5 6 7

(　　) 37. 有支配力 1 2 3 4 5 6 7

(　　) 38. 谈吐柔和 1 2 3 4 5 6 7

(　　) 39. 值得喜欢 1 2 3 4 5 6 7

(　　) 40. 男性的 1 2 3 4 5 6 7

(　　) 41. 温和的 1 2 3 4 5 6 7

(　　) 42. 庄严的 1 2 3 4 5 6 7

(　　) 43. 愿意表明立场 1 2 3 4 5 6 7

(　　) 44. 温柔的 1 2 3 4 5 6 7

(　　) 45. 友好的 1 2 3 4 5 6 7

(　　) 46. 具有侵犯性 1 2 3 4 5 6 7

(　　) 47. 轻信的 1 2 3 4 5 6 7
(　　) 48. 无能的 1 2 3 4 5 6 7
(　　) 49. 像个领导 1 2 3 4 5 6 7
(　　) 50. 幼稚的 1 2 3 4 5 6 7
(　　) 51. 适应性强 1 2 3 4 5 6 7
(　　) 52. 个人主义的 1 2 3 4 5 6 7
(　　) 53. 不讲粗俗话 1 2 3 4 5 6 7
(　　) 54. 冷漠无情 1 2 3 4 5 6 7
(　　) 55. 具有竞争心 1 2 3 4 5 6 7
(　　) 56. 热爱孩子 1 2 3 4 5 6 7
(　　) 57. 老练得体 1 2 3 4 5 6 7
(　　) 58. 雄心勃勃 1 2 3 4 5 6 7
(　　) 59. 温文尔雅 1 2 3 4 5 6 7
(　　) 60. 保守的 1 2 3 4 5 6 7

计分方式：

表示男性化的题目是1、4、7、13、16、19、22、25、28、31、43、46、55、58，这些项目的总分除以14；表示女性化的题目是11、14、17、23、26、29、32、35、41、44、56、59，这些项目的总分除以12。如果男性化量表得分和女性化量表得分都大于4的话就是双性化，只要男性化量表得分高于4分就是男性化，只要女性化量表得分高于4分就是女性化，两个都低于4分就是未分化（即性别角色模糊）。

小故事　女飞人的秘密

1988年的汉城奥运会田径赛场上，女子100米短跑决赛即将开始，万众瞩目，人们都在拭目以待，准备亲眼见证“世界第一女飞人”的诞生。

起跑线上，一名黑人女运动员吸引了全世界的目光。她叫乔伊娜，来自美国加利福尼亚州，在几个月前的奥运会预选赛上，她一鸣惊人，以10秒49的成绩打破了100米世界纪录。除此之外，更加引人注目的是乔伊娜一身奇特的装扮：身着红色运动服，鲜艳夺目，款式奇特，长发披肩，十指上还留着长长的指甲，色彩斑斓。

发令枪响，乔伊娜长发飘扬，奋力奔跑，像一团火红的烈焰，第一个到达终点。在这届奥运会上，她共收获了女子100米、200米、4×100米接力比赛三枚金牌，成为当之无愧的“世界第一女飞人”。而她那耀眼的装扮，同样给人们留下了深刻印象，并由此获得了“花蝴蝶”的美称。

乔伊娜永远是赛场上的焦点，除了别人望尘莫及的速度，还有她那与众不同的服饰。训练之余，她最大的爱好就是服装设计，尤其对色彩和样式有着超乎寻常的想象力，就连专业服装设计师也时常为之惊叹。每次参加比赛，乔伊娜只穿自己设计的运动服，惊艳登场，技压四座。

在乔伊娜的运动生涯中，先后创造了多项世界纪录，其中两项至今无人超越。人们记住了这只美丽的“花蝴蝶”，但从来没有人知道，她为何对服装设计情有独钟。

直到乔伊娜退役之后，忽然有人问她：“为何你每次比赛都喜欢穿奇装异服？”这个问题看似有点弱智。乔伊娜嫣然一笑，终于道出了其中的秘密：“赛场上必须争分夺秒，如果对手多关注我0.1秒，我就有可能领先0.1秒，这对我来说非常宝贵。”

在此之前，人们只知道，乔伊娜是天才运动员，却很少有人清楚她的另一个身份——加利福尼亚大学心理学学士。接纳自己，发挥天才的想象，便会与众不同。

思考题：

这个小故事中，乔伊娜是个怎样的女孩？你喜欢成为你自己吗？你有什么特别之处？

第二节

当爱情萌生

青春的特征乃是动不动就要背叛自己，即使身旁没有诱惑的力量。

——莎士比亚

“少年哪个不钟情，少女谁个不怀春”，从十二三岁起，我们就进入了人生的第二个身体发育的高峰，第二性征也开始出现，用“花季雨季”来描绘这一年龄阶段，最为恰当。这个时期，男女同学随着生理发育的成熟，开始对异性同学产生趋向心理，希望得到异性的关注和爱慕，并在自己的心中开始编织爱情之梦。

男女同学之间产生了好奇和好感，不由自主地去接触对方、了解对方，或者想取悦对方，以获得对方的青睐；又或者会互相吸引、互相仰慕对方，产生爱慕之情，这属于一种正常的心理现象。可是这种单纯的、幼稚的爱慕之情，不是真正的恋爱，它就像天空中的云彩变幻莫测，正如徐志摩《偶然》诗中所描写的一样，转瞬间便会消灭了踪影：

我是天空里的一片云，

偶尔投影在你的波心——
你不必讶异，
更无须欢喜——
在转瞬间消灭了踪影。
你我相逢在黑夜的海上，
你有你的，我有我的，方向；
你记得也好，
最好你忘掉，
在这交会时互放的光亮！

但是，有些同学，却因为这些朦胧美好的感情而走进了早恋，并影响了学习和身心的发展，这就得不偿失了。

欣然的故事

欣然是一个八年级的女生，身材高挑，学习也不错，人缘很好。所以她过14岁生日的时候，有十几位同学到家里作客。大家一起吃东西，看影碟，玩游戏，送礼物给欣然。最特别的是，文艺委员阿峰还即兴弹唱了一首欣然最爱听的歌来助兴。阿峰唱得非常好听，欣然望着阿峰，听着他娓婉动听的歌声，觉得他仿佛比平时帅了很多，联想到阿峰平时对她的热情以及那些主动的帮助，突然有一种从来没有过的特殊感受，从她心底产生了。

从那时开始，阿峰对她来说忽然不一样了，或许，是她自己不一样了。她一看到阿峰，便不知所措，心怦怦直跳。但是，她又总想见到他。如果有一天阿峰请假没上学，她就感到失落。每天，无论上课还是下课，她总是用余光偷偷留意着阿峰的举动。有时候，他们在路上碰到一起，四目相望时，欣然会感觉到一股震颤，像有电流一样。同时，她觉得，阿峰似乎也在处处留心自己。欣然在日记中写道："我能感受到他常常注视着我，比如上体育课我跑步时，下课我与别人讲话时等，他都在看着我。他是不是也喜欢我呢？如果他也想对我好，为什么不向我表白呢？他是不是不好意思开口呢？”每天她就沉浸在这些念头里，她也知道这样没有结果，但她就是忘不了。

案例分析

欣然从她的生日聚会以后，常常陶醉在一种甜蜜的感情里，她觉得自己被别人所爱。这种感觉让她整天处于兴奋状态，而且特别渴望听到阿峰亲口说出“喜欢你”“爱你”之类的表白，但阿峰并不一定在意，或者也不一定有所察觉，这更多地是出于欣然自己的一种浪漫想象，欣然是处在一种迷惑、喜悦而又不安的单恋中，不能自拔。

早恋，通常意义上是指发生在生活、经济上不能完全独立，同时又比法定结婚年龄小很多的青少年这一特定群体里的恋爱行为。青春期的我们，正处于生理成熟和心理发展的阶段，自然有对异性的爱慕之心，再加之社会上大量言情的影视、画刊、小说和网络信息，所以校园里出现早恋现象就不奇怪了。另外，有些家长忙于工作或玩乐，忽视了对孩子的正确管教，使孩子缺少温暖、缺乏正确的引导，孩子内心感到孤独，加上学习压力很重，便渴望有人陪伴他们，了解他们，关爱他们。

一般说来，早恋有以下特征：

1. 朦胧性

早恋只是一种朦胧的对异性的眷恋和向往，男孩女孩间还没有产生深沉执着的情爱，也很少有自觉的一对一的以建立家庭为目标的道德感。他们之间存在一些模糊不清的感情，似乎是爱，似乎又不是爱。有的是把对某个异性的好感当成了爱；有的是由于偶尔的好感，如欣然的情况，也有的是羡慕对方的知识和才能等。

2. 感染性

早恋往往具有易模仿的性质，有的班级谁也不谈恋爱，但如果一个班级有几个在谈，很快就会像连锁反应一样，感染其他同学，甚至有些同学会为自己还没有恋爱而自卑。

3. 单纯性

早恋是很单纯的，爱就是一切，不附加任何条件，也不涉及现实因素，往往说不出明确和充足的理由。因此，中学生的感情是幼稚和纯洁的。

早恋的危害性是显而易见的。从生理上说，我们正处于青春发育期，心理或思想尚未成熟。青少年思想敏锐、求知欲强、记忆力好，正是增长知识、开发智力的黄金时期。早恋常会占去不少学习时间，使我们精力分散，影响学习和进步。早恋也常使我们的思想和情绪处于波动状态，给正常的学习和生活带来了许多不良影响。另外，早恋中的同学，有相当一部分对集体活动冷淡，与同学关系疏远。早恋还有使我们有失足失身的危险。由于青少年心理尚未成熟，容易冲动，抑制力较差，很容易出现越轨行为。一旦出现越轨行为，将会给双方特别是女生带来严重的精神创伤。最后，不成熟的爱情发生变故的可能性非常大，随着年龄的增长，我们对异性的看法也会发生变化，因此，此时的恋爱大多数是失败的，很难有幸福的结果。已经早恋的同学，应尽快地从早恋中解脱出来。

行动指南

青少年的异性交往，应本着自然、适度、真实、平等、留有余地5个原则。

自然：要像结交同性朋友那样结交真朋友，在与异性交往的过程中，言语、表情、行为举止、情感流露及所思所想要做到自然、顺畅，既不过分夸张，也不闪烁其辞；既不盲目冲动，也不矫揉造作。

适度：青少年早恋通常可分为正常交往、频繁交往、双方确立恋爱关系(早恋)三个阶段，因此，要保持正常交往，避免频繁交往是预防的重点。

真实：真诚相待是结交任何朋友的原则，当然也包括异性朋友。结交朋友不能有欺骗、迷惑的成分，否则最终会给自己带来不好的结果。

平等：平等地和各位异性朋友交往，都保持适当的距离，不要与某位特别要好。

留有余地：异性交往中，所言所行要留有余地，不能毫无顾忌。比如谈话中涉及两性之间的一些敏感话题时要回避，交往中的身体接触要有分寸等。特别是在与某位异性的长期交往中，要注意把握好双方关系的尺度。

那么，我们要如何判断自己是否陷入早恋呢？早恋的自我判断标准一般是自己与对方交往时的感受，包含以下几个因素：

1. 排他性：有反对对方与其他异性交往的心理；

2. 依恋性：有一日不见如隔三秋的感受；

3. 模糊性：有对方什么都好的感觉，这是爱屋及乌，情人眼里出西施的效应。

如果有这些感受，可能你已经有早恋的征兆了，要及时调整。那么，要如何调整呢？

1. 端正认知法。要正确看待男女交往的问题，树立理想，充实精神生活。男女生在交往中要做到自尊、自爱、自重、把握分寸，同时要学会区分友情与爱情的界线，了解爱情的含义。爱情包含着义务和责任，应懂得约束感情，克制冲动，增强自我教育和自我控制能力；还应该培养自己树立远大的理想，一个有远大理想的人，即使有较亲密的异性朋友也不会做出出轨的事。

2. 注意力转移法。通过参加积极向上的文体活动和集体活动，如：文艺演出、艺术节、科技节及各种社团活动，使自己对异性交往的需要得到满足，心理能量得到释放。避免自我封闭的单相思，或不着边际的憧憬，另外还可以多看一些书籍，丰富自己的业余生活，从众多的精神食粮中吸取丰富的营养，陶冶自己的情操。

3. 冷冻法。允许自己将感情暂时封存起来，等到条件成熟时再“解冻”。告诫自己现在正是学习的关键时期，不管是单独或集体活动，任何人都不要搞小动作，不偷偷谈恋爱。彼此在一起只谈学习与工作，如果有一方作出试探姿态，另一方应立即疏远，保持距离。

附：

心理小测试：你怎样与异性交往？

进入青春期，对异性的关注增加，或者对某个异性同学有一点点朦胧甚至比较强烈的好感，这是很正常的事。你是怎样与异性交往的呢？看看下面的题目中哪些符合你的情况。

（　　）1. 除了在同一教室上课，我从来没有与异性同学说过话。

（　　）2. 我讨厌与异性在一起。

（　　）3. 除了工作、学习上和异性同学交往外，我很少与他们在一起。

（　　）4. 我现在对异性比较好奇，也比较注意，很想与他们交谈。

（　　）5. 有时我会跟异性同学一起讨论问题，谈论有趣的人生、爱好等。

（　　）6. 有时我会主动跟异性同学说话或活动，也会主动帮助有困难的异性。

（　　）7. 我认为与异性同学在一起活动更开心，更自在。

（　　）8. 我曾有约会异性同学的愿望。

（　　）9. 我曾给异性同学写过纸条。

（　　）10. 我曾与异性同学单独约会过。

（　　）11. 我经常接到某个异性同学的电话并经常与他单独在一起。

（　　）12. 我想我是爱上某个异性同学了，我希望整天与他在一起。

如有1和2的情况，对异性有羞怯、退缩、害怕心理；

如有3~6的情况，与异性能够正常交往；

如有7~10的情况，已出现对异性的好感；

如有11~12的情况，有早恋的倾向。

小故事　最重要的事

歌德在莱比锡上大学的时候，爱上了当地的一个姑娘。他爱得很认真，也很冲动。他写了很多首动人的诗篇给那位姑娘，可是那姑娘一点也不领情，对他不理不睬，这让他很痛苦。

歌德和一位知心朋友聊起这件事，朋友非常同情他，建议他去德累斯顿城找一位老鞋匠，说老鞋匠没准可以帮助他，让他知道该怎么做。

歌德真的去了，他按照朋友给的地址找到了老鞋匠，把自己的故事说了说，问老人有什么建议，是不是年轻时候也碰到过类似的事情。

老人笑了，对歌德说："我年轻的时候，就在这里修鞋。在我的鞋摊前，经常会有一个美丽的姑娘经过。她是一个富翁的女儿，家庭环境好，家教也很好。每次她经过，我的心就会怦怦直跳，觉得整个生活充满了阳光。只是我们毕竟差距太大，我一直没敢对她表白，暗恋了她三年。后来，她结婚了，我很是伤心了一段日子。我把这段经历深埋在心底，并且在心里默默地祝福她，祝她幸福。后来我也结了婚，日子过得也不错。一晃几十年过去了，我还能时不时见到她，只是我们都老啦，孩子们也都长大了，可真快呀！"

"那么，"歌德焦急地问，"您从来就没有向她表达过一星半点？她知道您对她的暗恋吗？"

"她不知道，我从来没提起过。"老人慢悠悠地说，"这其实一点都不重要。"

"这还不重要？什么才重要呢？"歌德好奇地问。

老人很认真地盯着歌德，一字一句地说："最重要的事其实就是，你爱着的人很幸福，无论这个幸福，是不是你给她的！"

思考题：

读完这个小故事，你对真正的爱有什么看法？

第三节

失落的爱

世界上没有任何欢乐不伴随忧虑，没有任何和平不连着纠纷，没有任何爱情不埋下猜疑，没有任何安宁不隐伏恐惧，没有任何满足不带有缺陷，没有任何荣誉不留下耻辱。

——格里美尔斯豪森

爱情或者恋爱本是一件美好的事情，是人类一种高级的精神追求，但也要发生在适当的时间，才会开出美艳之花，如果过早地涉入其中，难免会结出恶果。

随着社会的发展进步，尤其是受当前一些偶像电视剧的影响，青少年好像都比较懂事，比较早熟，换言之就是，该懂的懂了，而不该懂的也懂了。由于我们的心智尚不成熟，抗打击的能力比较弱，所以当我们不能承受恋爱所带来的伤害之时，便会伤心、失落、消沉，甚至选择偏激的方式来解除痛苦。

玫瑰虽然美丽却带刺会伤到人，而对于青少年来说这样的刺与伤，则是生命不能承受之重。因此，我们要预防早恋，如果不慎涉及了，那么，当这种飘摇的“爱情”失落时，也要学会去应对。

失恋就是一方遭到另外一方的抛弃，从而引起的负面心理作用行为。失恋的本质是分离，而分离会随时发生在我们生活中，我们要学习的是如何处理分离。失恋的分离与好朋友之间、亲人之间的分离没有根本的区别，都是某种东西的失去，只是恋人具有强烈的排他性，朋友却是可以补充的，所以在重要性上恋人显得更无可替代，分离也因此会带来更大的影响。

静静的故事

静静是一个可爱、活泼的女孩。她在网上认识了一个很好的朋友，后来发现这个朋友竟然是自己隔壁班的同学——一个阳光、帅气的男孩。于是，静静与这个男孩偷偷地谈起了“恋爱”。他们每天

除了在学校见面、聊天，晚上还要在网上分享一天的见闻。静静沉浸在甜蜜的感觉里，嘴角常常带着微笑，因为他们都喜欢学习，两人的成绩也没有受到太大影响，所以也就没有引起家人和老师的注意。

可是到了第二个学期，静静发觉“男朋友”对自己有点疏远了，不但不怎么主动联系她，网上聊天也没有原来那么频繁了。静静觉得不对劲，再三追问之下，才知道“男朋友”和他自己班上另一名女生“好上了”。那个女生学习不好，但是很漂亮，也很主动。

这个消息犹如晴天霹雳，痛苦、失落、愤怒一时全都向静静袭来，自尊心受到了严重的伤害。在她自己心里，她觉得自己各方面都是出色的，可是“男朋友”居然选择了另外一个女孩。是她不够美吗？不够优秀吗？本来活泼的她变得很安静，时常感到焦虑和不安，也不爱和别人说话，精神不振，陷入了对自己的怀疑当中，整天失魂落魄，不能专心听讲，期中考试一下子落后了十来名。

案例分析

静静的爱情只持续了一个学期，但是带给她的伤害却是很大的，可能也会是很久的，因为这是她的“初恋”。青少年时期的爱情很容易夭折，究其原因如下：

1. 青少年时期是一个把异性理想化的阶段，是一段为排解寂寞感而眷恋异性的时期，谈恋爱的双方彼此依恋更多的是对友谊的需求，对异性的好奇，对陪伴的渴望，他们是浪漫幻想等多重幻想的结合体。可错误的心理却导致他们的“感情”难以持久，虽然他们的这种恋情与成熟的爱情一样都是发自内心的真诚的情感表现，但与持久而真实的爱情是难以相比的。

2. 青少年无论是在年龄、知识、经验、性成熟方面，还是物质方面都不具备投入爱情的条件，更不具备承担爱情责任的基础，他们并不懂得自己的恋爱是为了什么，有什么样的目的，也不能预测爱情的结局，往往身不由己地陷入某种情绪，连自己也不知道该进还是该退。这必然导致他们的心理异变，导致失恋的发生。

3. 由于青少年的心理还不稳定，不成熟，因此常常会因见异思迁、移情别恋而造成两个人关系破裂。

4. 在恋爱中，交往双方发现彼此的思想和价值观不同、性格不合等，也会使他们分手。

5. 在交往中，某一方暴露出过多的缺点，而本人又不加以克制和改正，也同样会失去恋人的喜爱。

由于青少年心理还不成熟，经验和阅历都十分缺乏，失恋给他们的心理带来的创伤更大，这也是我们反对青少年过早谈恋爱的重要原因之一。

失恋后的心理表现主要有：悲愤心理，终日沉浸在失恋的痛苦中，时间一长，变得感情脆弱，性格古怪，形单影只，使人难以接近；绝望心理，对一切都失去了信心，有的甚至走上了绝路；极端心理，仅仅从个人的一次失恋，便否定异性乃至爱情本身，甚至变成终身不婚的独身主义者；报复心理，在失恋后把自己的痛苦统统归罪于对方的抛弃，采取卑劣手段败坏对方的名声或者铤而走险用暴力伤害对方以发泄胸中的仇恨等。

以上几种不良心理，如果长期不能化解，将会给失恋者和社会带来极大的危害。

行动指南

恋情失败后，我们要特别注意保持心理健康，面对现实，积极地寻求多种方法和途径，疏导因失恋而带来的郁闷、不安和愤怒。下面的步骤可以帮助我们恢复心理平衡。

Step1. 情感宣泄

失恋造成的情感压抑是十分严重的，如果不及时地进行合理宣泄，会出现各种不适应症状。比较有效的宣泄方法包括向亲密的朋友或家人倾诉内心的苦闷和悲伤，也可以闭门痛哭一场，更可以寄情于山水之间，向大自然宣泄自己压抑的情绪。与朋友一起外出远游一次，体验大自然之奇丽与伟大、人生之赠与美好，会觉得自己失恋的痛苦只不过是沧海一粟，心胸会变开阔，郁闷的心情就会有所缓解。

Step2. 观念转变

失恋并非只有损失，没有获得。所谓有得必有失，有失必有得。失恋不是令人耻辱的，不必觉得是被对方“涮”了、“玩”了而无地自容，感到自卑，甚至因此离群索居。有得有失是事物发展的必然规律，很自然。不适合的朋友如果勉强凑合下去，也没有什么幸福可言。失恋固然不是幸事，然而不能志同道合、个性契合，及早分手也并非坏事。失恋的同时，自己也获得了经验，增加了对异性及感情的把握。

Step3. 情感升华

升华是宣泄失恋后心理能量的最理想方式。失恋后，我们应该运用理智，把感情、精力投入到能充分实现自身价值的学习和对生活的热爱上去，将失恋造成的挫折，在更高的升华境界中得到补偿，获得更大、更多的收益。同时积极投身集体生活，为其他需要帮助的人付出自己的情感和爱，从而使自己摆脱空虚和痛苦。

附：

心理小测试：你的抗压能力强吗？

请回答下面的题目，选择适合你的答案。

1. 是否有一个温暖和谐的家庭？

   A. 是　　B. 否

2. 你的兴趣是否广泛？

   A. 是　　B. 否

3. 是否与家庭以外的亲朋好友经常在一起会面叙谈？

A. 是　　B. 否

4. 体重是否在“理想体重”上下2.5公斤内？

A. 是　　B. 否

5. 每周是否参加三次以上某种形式的放松活动？

A. 是　　B. 否

6. 每周是否从事30分钟以上的体育活动？

A. 否　　B. 活动一次　　C. 活动两次　　D. 活动三次

7. 每周至少有一次从有益健康、营养平衡出发而设计的膳食？

A. 是　　B. 否

8. 一周内是否有过使你确实感到高兴的事？

A. 否　　B. 一件　　C. 两件　　D. 三件

9. 家里是否有一个使你感到舒适放松或可以静处的环境？

A. 是　　B. 否

10. 在日常生活中，是否能掌握合理安排时间的技巧？

A. 是　　B. 否

11. 是否每天玩电脑游戏，一般玩多久？

A. 否　　B. 玩一小时

C. 玩两小时　　D. 玩三小时

12. 是否有睡眠不好的情况？

A. 否　　B. 每周一次

C. 每周两次　　D. 每周三次

13. 白天，是否使用药或某些食物减轻你的焦虑或使你健康？

A. 否　　B. 每周使用一次

C. 每周使用两次　　D. 每周使用三次

14. 你是否有将该在学校完成的功课带回家晚上做的习惯？

A. 否　　B. 每周一次

C. 每周两次　　D. 每周三次

计分方法：

第6、8、11、12、13、14题，选A得4分，选B得3分，选C得2分，选D得1分。

其他题目，选A得2分，选B得1分。

请按照上述规则将每题的分数累加。

得分在15分以下：对付心理压力的能力比较差，要注意疏导。

得分在15~25分：对付心理压力的能力一般，通常可以应对。

得分在26~35分：对付心理压力的能力比较强，稍加注意还会更好些。

得分在35分以上：对付心理压力的能力相当强，心理素质也很好。

小故事

失恋成就达尔文

“范妮，正如全世界都知道的那样，她是什罗普郡以及伯明翰地区最漂亮、最丰满和迷人的人……”1828年12月24日，19岁的达尔文在给表哥福克斯的信中，如此介绍他的初恋对象。范妮是伍德豪斯乡绅欧文的二女儿，热情奔放，只大达尔文一岁。

达尔文是在1827年的秋天认识范妮的。当时他从爱丁堡医学院退学，预备第二年年初去剑桥大学上学，这中间有几个月的空闲，正好以他钟爱的狩猎活动来打发。欧文拥有一大片满是猎物的林地，吸引着达尔文频繁拜访。于是，达尔文与范妮经常一起骑马到森林中打猎，由达尔文手把手教范妮开枪。在达尔文离家上学时，两人也互寄情书。在信中，达尔文被称为“御夫”，范妮则自称“女仆”。在剑桥，达尔文迷上了采集甲虫标本。此后，达尔文和范妮的林中幽会便多了一项活动：两人并排趴在地上，寻找甲虫。

但是到1829年秋季，激情开始消退。好几个月的时间，达尔文都没有收到范妮的来信。那年的圣诞节，达尔文留在剑桥采集甲虫，没有去拜访范妮。1830年1月，范妮终于来了一封长信，抱怨达尔文对甲虫的兴趣超过了一切，并暗示有其他更合适的人在向她求婚。达尔文对此的反应是全身心地投入到甲虫采集——那是他的科学初恋，比男女之情更为牢靠。

1830年秋天，达尔文回家时，收到范妮的一封短信，欧文希望能和他谈谈。达尔文忐忑不安地去了。原来欧文乡绅是要当面通知他，范妮即将与一名牧师订婚。就在达尔文待在剑桥抓甲虫的时候，这名牧师开始追求范妮。

这个婚约并没有持续多久，1831年9月牧师解除了婚约，达尔文与范妮又重新联系上。但是，第二年4月5日，达尔文收到姐姐的来信，在信中姐姐告诉达尔文，范妮在年初与一名富裕的政客毕度尔普订婚，并在3月份结婚了。达尔文的心碎了。他的姐姐后来告诉他，范妮的婚姻生活非常悲惨，她的丈夫是一个极其自私的怪人，范妮曾经向她们打听达尔文的情况，并说“我根本忘不了我们过去御夫和女仆的日子”。

但是一切已经太迟。此后达尔文的激情只属于科学研究。1838年春天，年近而立的达尔文才开始认真考虑是否结婚。

他在一张纸上列出了结婚的好处和坏处。好处是有孩子，有人一直做伴，“胜过一条狗”，有人管家；坏处是失去了旅行的自由，浪费时间，被逼迫访问亲戚等。最终他认定结婚的好处胜于坏处。他想要的是一个不爱社交、不会干扰他的工作并有嫁妆的温柔妻子。在他的社交圈中，只有一个人符合这些条件而且还是单身——他从小熟悉的表姐爱玛。

1839年1月29日，达尔文和爱玛举行婚礼。这个婚姻完全是理性选择的结果，非常功利，毫无浪漫、激情可言，但它却是个持续一生的美满婚姻。没有这样的婚姻，达尔文不太可能取得那么丰硕的学术成果。我们得庆幸达尔文的初恋没有结果。如果换了性格与爱玛截然相反的范妮做达尔文的妻子，世界也许就大不一样了。

思考题：

你如何看待达尔文的初恋与婚姻选择？为什么呢？

第四节

关于性

青春，这是无法挽回的。美丽、优美的灵魂像影子一般来了就去。然而这两个东西是火焰也是风暴啊！

——德莱塞

随着年龄的增长，我们进入了青春期。此时我们的身体迅速发育，心理上容易产生强烈的波动。性心理是指人类个体随着性生理发育而出现的一系列与性有关的心理现象，包括性情感、性兴趣、性兴奋和性意志。

性是人类的自然生理现象，是人类正常生活的组成部分。性活动不仅是为了生育后代，也是一种欢愉的形式，能使人获得快乐与幸福。性是表达爱的一种动力，爱是性满足的基础。

性是青少年异性交往的驱力，塑造着健康的人格和性别角色。

性在自然层面上意味着身体的发育和长成。

性在社会层面上意味着对两性关系的理解与自律。

性在精神层面上意味着人格的成熟与责任感的增长。

伴随着我们生理的发育，青春期性心理的变化可以有以下几个阶段：

首先是疏远和排斥异性——两小无猜的男女开始意识到两性的差异，不像以前毫无顾忌地玩耍。然后是好奇与迷惘——对异性的好奇及自身性意识的迷惘相互交错，相互影响。女性的阴柔之美与男性的阳刚之魄开始相互吸引，既想吸引异性又想被异性所吸引。接着会向往成熟长者——此时期的男女，尤其是女性，会爱慕成熟的长者，单恋或暗恋有风度、有能力的老师。最后到了浪漫恋爱期——伴随着少年逐步走向成人，性心理发展也逐步稳定，此时的对象是单一的、稳定的、内心经过考虑的，此时期的男女开始脱离集体，喜欢独处，但又不同于成人现实成熟的择偶而带有浪漫性质。

这个时期也容易出现很多困扰，如不能及时解决，会给我们的身心发展带来很多问题。

李林的故事

李林是一所普通中学初中二年级的学生，他是单亲家庭，妈妈在家

里对他很严厉，他很害怕妈妈，又很少能见到爸爸。从外表看来，他戴着一副眼镜，比较斯文，身体比较肥胖，性格内向，成绩中等，在班里属于那种不太引人注意的同学。但是很少人知道他内心的秘密。从初一时起，他就发现自己内心对异性开始有了恐惧感。面对异性的时候，他总是手脚发抖，头上直冒冷汗，不敢看对方的眼睛，而且说话时还会口吃。因此，他总是避开和女生讲话。最近在上网的时候，他偶尔看到了一些不良的网站，里面有很多黄色图片、小说等。看了之后，他的脑中总会不由自主地冒出那些图片，还有一些小说情节。更加令他感到难堪和罪恶的是，有时他会对班上一些漂亮的女生产生幻想。为此他感到很不安，面对女生的时候更加紧张了，总是低着头，几乎不敢正视。女生们却因此经常嘲笑他，搞得他更加自卑，但幻想也更加强烈。最近他上课精神很难集中，记忆力减退，白天感觉乏力，晚上又会失眠，学习成绩也因此不断下降。

案例分析

随着性生理发育的逐步成熟，青少年性心理容易产生矛盾和困扰。具体包括：

1. 体像意识的困扰。表现为青少年男女对自己的身体及第二性征没有一个现实的和正确的意识。调查显示有50%的女生和16%的男生对青春期出现第二性征感到害羞、不安和不理解，另外有很多同学会对自己的身材、外貌不满意，产生自卑的心理。

2. 对手淫、性梦及性幻想的羞耻与恐惧。由于我国长期处于传统的性禁忌状态，所以青少年缺乏科学的性知识和正确的性观念。而因为性无知、性禁忌、性压抑而形成的错误的性认识、性观念，会影响甚至扭曲青少年性心理的发展，形成性心理发展障碍甚至病态。

3. 由性冲动与传统社会性压抑、西方性自由冲突而产生的困扰。由于传统性道德的桎梏，使青少年一味地压制自己，很可能导致他们心神不宁，形成一种压抑的病态，又或者走向另一种极端——纯粹效法西方性角色，走向性开放，发生不负责任的性行为，给身心健康带来很大伤害。

李林的情况，是青春期性心理的一种反应。无论男生女生，进入青春期后，性发育开始成熟，性激素达到一定程度，就会自然地萌发各种性想象。对性的好奇，是青春期内多数同学都会有的，不必大惊小怪。但李林看到的不良网站信息，不仅加重了他的性幻想，而且占据时间过长，这样会有损于健康、学习。青少年必须知道自己对性的好奇是生理上、心理上的正常现象，把握好自己，不要为自己的性幻想觉得荒唐，或者为性好奇的情况而感到内疚或恐惧。不要背上心理包袱，同时也要理智地控制自己的行为。学会培养自己广泛的兴趣爱好，把旺盛的精力投入到学习科学知识、掌握技能上，投入到健康有益的活动中去，让青春闪耀，青春无悔，终生无悔。

行动指南

青春期是性生理成熟的决定阶段，也是性心理发展的关键时期。此阶段青少年常常感受到自己正产生并积累着的性能量需要释放，但也意识到性能量的释放需要寻找正当途径。而任何社会对性能量的释放都有着众多的限制。当强烈的性本能冲动面对严格的社会规范制约时，他们的内心自然会满怀紧张、矛盾与冲突，从而形成性困扰。那么，青少年应如何做呢？

1. 不压抑，不放纵。青少年自身应增强自我的约束能力，不要刻意地压抑，也不要单纯地仿效，学会注意力的转移和升华。压抑有时反而会使性幻想和冲动更加强烈，所以正确的疏导才是上策。

2. 课外读些有关性方面的书籍，破除性的神秘感。了解相关的性知识，掌握发展规律，就能对出现的问题不惊慌，做到心中有数。

3. 多参加一些体育、文娱活动，这既能锻炼身体，释放青春期的大量多余能量，又能转移对性的注意力。

4. 避免看或听有性刺激的网络信息、书刊、音像等，多穿宽松的内衣裤，早上不赖床，不吃过饱，因为这些也都容易养成放纵的习惯。

附：

心理投射：你与异性的关系是怎样的？

你怎样看待异性，以及与异性交往中的自己？下面的小练习，可以让你对自己内心深处的信息做一番探究，方法是：

1. 坐好，闭上眼睛，尽量放松全身；

2. 想象你走在一条下坡的小路上；

3. 路的旁边有一座花园，你停下来往花园里看；

4. 你看到花园里有很多的花，这时其中有一朵花最吸引你；

5. 仔细观察一下，这是一朵什么花？它是什么颜色？它是大是小？花瓣是单层还是多层的？花瓣是什么形状？它有什么特别的地方吗？

6. 这时候，你看到花的旁边出现了一只昆虫；

7. 它是什么昆虫？它大小怎样？是什么颜色？

8. 昆虫看到花之后，有什么感受，眼中的神情是怎样的？昆虫和花会有什么交流吗？昆虫会停在花上面吗？

我们想象出来的花与昆虫都具有象征意义。“花”象征女性，而“昆虫”则象征男性，想象中看到不同的花或昆虫，是我们对自己作为女性或作为男性的特点和感受。花和昆虫之间的故事，则反映出我们内心的两性关系和互动模式。

不同的花具有不同的性格特征，比如花瓣比较小而多的，可能是说心思细腻繁复。不同的颜色也具有不同的象征，红色象征热情，白色象征纯洁等。不同的昆虫也有不同的象征，比如蝴蝶可能比较花心，蜜蜂可能比较执着，甲壳虫可能防御心理比较强等。花和昆虫的故事则对应现实中我们与异性的关系，比如花是讨厌昆虫还是喜欢呢？有人看见昆虫进入花蕊后，花就闭合了不让昆虫再出来，这可能是在说这位女性对男性有很强的控制欲。

这个想象可以让我们更了解自己，但也只是一种心理投射测验，要解决问题还需要更深入的探讨。

小故事 戴望舒与"丁香姑娘"

现代派诗人戴望舒去世时45岁，他一生的数次恋情没有一桩完满。虽有过两次婚姻，但他内心一直无法忘却他的初恋，那个名叫施绛年的女子。

据戴望舒的长女戴咏素说："我表姐认为，施绛年是'丁香姑娘'的原型。施绛年虽然比不上我妈以及爸爸的第二任太太杨静美貌，但是她的个子很高，与我爸爸一米八几的大高个很相配，气质与《雨巷》里那个幽怨的女孩相似。"

果真如此吗？在戴望舒的几次情感中，不难看出，他对施绛年用情最深。

戴望舒认识施绛年缘于施绛年的哥哥施蛰存。那时施蛰存是《现代》杂志的主编，和戴望舒是好友。戴望舒被邀至施家小住。在那里，他见到了施蛰存的妹妹施绛年。施绛年当时在上海中学读书，性格活泼。戴望舒被这个美丽的少女深深吸引。他的第一本诗集《我底记忆》出版时，他在诗的扉页题字给施绛年，大胆向她表白。但施绛年对戴望舒更多的是一份敬重之心。她比戴望舒小5岁，对戴望舒写的诗并不以为意，她的冷漠让戴望舒痛苦不堪。有一回，戴望舒终于无法忍受这恋爱的折磨，以跳楼自杀来向施绛年求爱。

戴望舒的过激行为，终于让施绛年开始正视他的感情。虽施绛年依然不爱他，但在他以死相胁之后，勉强答应与他先订婚，但随后又提出一个条件，戴望舒必须出国求个学位，回来有个稳定收入才可。

戴望舒为了这份爱情，无奈地踏上了"达特安"邮船赴法留学。在国外的几年，戴望舒根本没有心思学习。在巴黎一年，他几乎没有去听过教授讲一堂课，而是每天躲在宿舍里翻译书稿换生活费。而施绛年在与戴望舒分别之后，据说她与一个冰箱推销员恋爱上了。消息传得很快，不久戴望舒就在国外风闻。这样，他就更没心思读书了。他回国后，找到施绛年，当得知这一切都是真的时，他难以压抑心中怒火，当着施家父母的面，打了施绛年一巴掌，结束了他们之间长达八年的恋爱。

戴望舒的初恋就这样结束了，却加深了他内心自卑的情绪。自小长相上的缺陷本就让他自卑，心爱女人的背叛更让他的自尊心受到打击。他内心依然深爱着施绛年，但已经没有用了。在他以后的婚姻中，施绛年留给他的阴影挥之不去，以致他与穆丽娟结婚后，很快就冷淡了穆丽娟，不与穆丽娟交流，当穆丽娟是个局外人。穆丽娟晚年时依然对戴望舒耿耿于怀。她说："他对我没有感情，他的感情完全给了施绛年。"

一场不对等的初恋，让戴望舒永坠于悲剧之中。他与穆丽娟的婚姻结束后，与杨静的婚姻也以失败告终。他永远走不出那条幽深的雨巷，在一个不可能的丁香姑娘身上，浪费了一生的时光。

思考题：

这个小故事中，戴望舒的恋情为什么会失败？他为何不能走出这份爱？

第五章

我的未来不是梦（职业规划篇）

第一节

自我评估

一个真认识自己的人，就没法不谦虚。谦虚使人的心缩小，像一个小石卵，虽然小，而极结实。结实才能诚实。

——老舍

人是什么？这是一个古老而永恒的命题，也是每一个人毕生都在探讨，和不断获得不同答案的问题。从某种意义上讲，人认为自己是怎样一个人，比他真正是怎样一个人更重要，因为每个人都是按照他认为自己是怎样一个人而行动的。而一个人只有对自己各方面都有比较明确的了解，才能在环境的适应、个体的发展上，获得较满意的结果。所以正确的自我认知和评估是心理健康的首要条件。

我们来到这个世界上，每个人都在人生的舞台上扮演着自己的角色，同时充当着他人的观众。随着时间的推移，我们也在点点滴滴地积累着对自己的看法——积极的或消极的。我们的心目中从此有了一个自己。我是什么样的呢？想象一下，你的面前放着一面镜子，你看到了怎样的一个人？他现在的情绪状态是怎样的？他是一个具有什么样性格的人？他的神态是怎样的？他的内心活动是怎样的？

要对自己进行全面客观的认识，就需要不断地努力。如果我们平时能有意识地对自我进行分析，建立积极的自我概念，知道自己的优点是什么并因此感到自信，也了解自己的缺点何在，亦不会因此而否定自己，我们就能更好地发展自我。

一名女中学生的日记

8月14日　多云

我想，我已步入花季的年龄，但我究竟是一个什么样的人呢？

我很爱美，我总希望自己拥有一个清纯可爱的外表……

我希望自己处处整洁干净、有条不紊，有时把自己的房间收拾得出奇的干净……

我爱画画、唱歌、听音乐……

我是一个理想主义者。妈妈说我是一个过于浪漫的人，我也经常能感受到自己变化不定、波澜起伏的内心情感，我容易对哪怕是一面之缘的男孩产生好感……

我有极强的同情心，我见不得别人受苦，最不忍心看乞丐沿街乞讨……

我的内心非常渴望将来成为一个成功的人，成为一个优秀的完人，我讨厌平庸，我不安心现状，我一定要活得与众不同，因此我对自己要求非常严格……

我的学习非常好，我也从不松懈。我想达到的学习目标一定要实现，我也基本上实现了我的学习目标。即使我不喜欢的课程我也努力学习，我要在各门功课中都达到完美优秀……

我非常敏感，不愿意听别人的批评，有时候甚至有点小心眼。我妒忌总是比我强的人（尤其是女孩），总想超过她。如果不能我就觉得非常不舒服，甚至会有自卑感……

我觉得我的意志力不是特别坚强。我常常会盼望出现奇迹，可我又不怕苦和累。我也很怕死亡，但我从来不去想死后的事，那与我没有关系。我的心目中总是充满理想和美好的愿望，可是生活中有时总和想象的不一样，所以有时候我也很失望……但总是过一会儿就好了……

这就是我，我认为我是一个非常好的女孩子，我希望我将来成为一个事业成功的女强人，我不怕世俗的目光，我也相信我能够实现！

案例分析

自我意识，就是自己对自己的认知，它包含自我认知、自我体验和自我控制。

1. 自我认知

认识自己不是一个简单的问题，包括自我感觉、自我观察、自我印象、自我分析、自我评价等。自我认知回答的问题是："我是谁？""我是个什么样的人？"自我认识不清晰、不精确，自知力不强，易导致误判自我，或自负，或自卑。

2. 自我体验

自我体验是一种自我的感受，要回答的问题是："我是否喜欢自己""我是否满意自己"等，主要包括自尊心、自信心、义务感、责任感、优越感、荣誉感、羞耻感等。

3. 自我控制

自我控制是一种意志力，是通过对自己行为、思想和言语的控制，达到自我期望的目标。表现在两个方面：发动和制止。如几点钟起床、不随地吐痰等。自我控制的核心内容是"我将如何规划自己的人生？""我应该做什么？""我应该成为什么样的人？"等，成功的人都有较高的自我控制。

写日记的女生是一名初三的学生，她各方面能力都不错，尤其是语言表达能力，还参加过演讲比赛，得过奖，对于自己的描述基本上符合本人的情况。她的自我意识非常清晰明确，自我描述也能做到基本上准确，没有大的偏差。她的自信心比较强，自我评价较高，自我目标比较明确，自我控制能力也比较强。总体来说，她的自我意识水平较高，心理发展符合她的年龄特点，而且相对来说略显成熟。

应该说，当今青少年自我意识都是比较强的，但自我控制欠缺，以至于很多陷入自我混乱，人格成熟迟缓，养成自私自利、狂妄自大的性格，甚至走到社会的对立面。

行动指南

每个学生的“自我”都是丰富、复杂的，要真正了解自己并不是一件容易的事。我们可以从下面这些角度来完整地了解自己，并写一份“自我探索书”。自我探索书的内容应该包括：

1. 生理自我：对自己身体、性别、年龄、容貌、健康状况等方面的认识。

2. 心理自我：对自己能力、性格、情商、智商、气质、兴趣、信念、世界观等个性特征的认识。

3. 社会自我：对自己在家庭、学校中的人际关系中的角色的认识。

要想完整地填出“自我探索书”，还要借助一定的方法，这些方法包括：

1. 自省法：自省是人的一种自我体验。人们在实际生活中，往往通过自我反思、自我检查来认识自己。

2. 他人评价法：包括关系密切的人的评价，和其他众人异口同声的评价。他人的评价比主观自省具有更大的客观性。如果自我评价与他人的评价相近似，则可说明自我认识较好；如果两者相差过大，大多表明自我认识上有偏差，需要调整。

3. 比较法：通过与同年龄的伙伴在处世方法、对人对事的态度、情感表达方式等方面进行比较，“以人为镜”找出自己的特点，来认识自己。比较时，对象的选择至关重要。与不如自己的人作比较，或者拿自己的缺陷与别人的优点比，都会失之偏颇。还要与自己比较，如以前的你和现在的你。

4. 测验法：通过心理测验，可以帮助我们了解自己未知、别人未知的部分。心理测验可以帮助我们了解自己的气质、性格、偏好等。心理测验有限制，它只是一个工具，不能完全依赖，也不必不屑一顾。测验可以包括：①气质类型测试；②性格类型测试；③情商水平测试；④性格与职业适应性测试；⑤兴趣、能力与职业倾向。

当然，每个人的自我都是在发展和变化当中的，所以我们的自我探索也需要不断补充或修正。

附：

心理小测试：你的性格类型是什么？

下面一组问题可以帮助你判断自己的性格类型。每个问题中有四个格，在最符合你情况的那个格中填4，其次填3，再次填2，最不符合的填1。

1. 我给别人留下的深刻印象是：

   A. 经验丰富□　　B. 热情□

   C. 灵敏□　　D. 知识丰富□

2. 当我按计划做事时，我希望这个计划能够：

   A. 取得预期效果，不要浪费时间和精力□

   B. 有趣并能和与之相关的人一起进行□

   C. 计划性强□

   D. 能产生有价值的新成果□

3. 我的时间很宝贵，所以总是首先确定要做的事：

   A. 有无价值□　　B. 能否使别人感到有兴趣□

   C. 是否安排得当，按计划进行□　　D. 是否考虑好了下一步的计划□

4. 对我来说，最满意的情况是：

   A. 比原计划做得多□

   B. 对别人有帮助□

   C. 通过思考解决了一个问题□

   D. 把一个想法和另一个想法联系起来□

5. 我喜欢别人把我看成是一个：

A. 能完成工作任务的人□

B. 充满热情和活力的人□

C. 办事胸有成竹的人□

D. 有远见卓识的人□

6. 当有人对我无礼时，我往往：

A. 立即表现出不快□

B. 心情不快，但能很快消除□

C. 谴责对方□

D. 不去理他，考虑自己的事□

计分方法：

填好以后，把6道问题中A、B、C、D 4项的分数分别相加，得出4个总分。总分最高的一项，就是你性格的基本类型。

A．敏感型　B．感情型　C．思考型　D．想象型

A．敏感型——精神饱满，好动不好静，办事速战速决，但行为常常具有盲目性。他们在与人交往中，往往会拿出全部热情，但在受挫折时，又容易消沉失望。

B．感情型——感情丰富，喜怒哀乐溢于言表，别人很容易了解其经历和所受的困苦。不喜欢单调的生活，爱刺激，感情用事，讲话做事热情洋溢。在生活中，喜欢鲜明的色彩，对新事物很感兴趣。在与人交往中，容易冲动，反复无常，傲慢无礼，所以与其他类型的人不易相处。

C．思考型——善于思考，逻辑思维发达，有较成熟的观点，一切以事实为依据，而且一旦作出决定，就能够持之以恒。生活、工作有规律，爱整洁，时间观念强，重视调查研究。但有时思想僵化，喜欢纠缠细节，办事缺乏灵活性。

D．想象型——想象力丰富，对未来很憧憬，喜欢思考问题。生活中不拘小节，对那些不能立即了解其想法和价值的人往往很不耐烦，有时行为刻板，不容易合群。

小故事　比尔·盖茨的童年

比尔·盖茨的童年是在美国华盛顿州的西雅图度过的。长着一头沙色头发的7岁男孩盖茨最喜欢反复看个没完的是那套几乎有他体重1/3的《世界图书百科全书》。

盖茨看的书越来越多，想的问题也越来越多。他很早就感悟到人的生命来之不易，要十分珍惜来到人世的宝贵机会。他在日记里这样写道："人生是一次盛大的赴约，对于一个人来说，一生中最重要的事情莫过于信守由人类积累起来的理智所提出的至高无上的诺言……"那么"诺言"是什么呢？就是要干一番惊天动地的大事。

他在另一篇日记里又写道："也许，人的生命是一场正在焚烧的'火灾'，一个人所能去做的，就是竭尽全力要从这场'火灾'中去抢救点什么东西出来。"这种"追赶生命"的意识，在同龄的孩子中是极少有的。

学校的任何功课，无论是演奏乐器，还是写作文，或者体育竞赛，盖茨都会全心全意花上所有时间去出色完成。

一次，老师给他所在的四年级学生布置了一篇关于人体特殊作用的作文。要求四五页的篇幅。结果盖茨利用他爸爸书房里的《百科全书》和其他医学、生理、心理方面的书籍，洋洋洒洒地一口气写了30多页。又有一次老师布置同学写一篇不超过20页的故事，盖茨浮想联翩，竟写出长达100页的神奇而又曲折无比的故事，使老师和同学都十分惊讶！

盖茨在体育和社会活动方面也表现出这种不落人后的精神。

有一次暑假童子军的80公里徒步行军，时间是一个星期。他穿了一双崭新的高筒靴，显然新鞋不太合脚，每天13公里的徒步行军，使他吃尽了苦头。第一天晚上，他的脚后跟磨破了皮，脚趾上起了许多水泡。他咬紧牙关，坚持走下去。第二天晚上，他的脚红肿得非常厉害，开裂的皮肤还流了血。他一直坚持到一个途中侦查站，当队长发现他的脚发炎得很严重，下令医治，才中止了这次行军。盖茨的母亲从西雅图赶来，看到他双脚溃烂的样子时，难过地哭了，直埋怨儿子为什么不早点停止行军。盖茨却淡淡地说："可惜我这次没有到达目的地。"

思考题：

比尔·盖茨有哪些特别的品质？你觉得哪些值得自己去学习？

第二节

心理资本

实际上并不存在什么失败，只要不是一败涂地，你一定会取得胜利的。

——亨·奥斯汀

成功，一定要有和成功相应的心态。在未来的人生中，想要顺利获得自己想要的成就，就要从现在起，磨练自己的心态，打造相应的技能。

能够为我们带来成功的心态，也是一种资本，叫做心理资本。

心理资本，是指个体在成长和发展过程中表现出来的一种积极心理状态，是促进个人成长和能力提升的心理资源。心理资本具体可表现为几个要素：

自我效能感（efficacy），是指有信心投入必要的努力，来完成挑战性的工作，也就是人们对自己激发动机，认识到自己的能力，并且采取必要行动，来完成特定任务的能力。

希望（hope），是指为了成功照着预定的路线坚韧不拔地前进，拥有意志力和决心，能克服困难的一种品质。

乐观（optimism），是指积极地看待事情的结果，肯定自己，始终以积极的情绪面对任务和问题。

坚韧力 (resilience)，是指人们从逆境、冲突、失败中迅速恢复的心理能力。即使出现挫折，他们也不会一蹶不振。一个有坚韧力的人在面对困难时，能维持自己的健康状态和幸福感。

对照我们自己，或许我们的心理资本现在还不够强大，那也没有关系，我们可以积累，可以磨练，随着逐渐成熟，我们一定会成为一个内心强大的人！

陈先的故事

一年前，陈先的父母离婚了。陈先当时刚上初中，当他知道了这个事情之后，痛哭不已，那时起，他就跟着母亲生活，父亲虽然也住在同一个城市，也常常来看他，但是毕竟不像以前，能够常常在一起聊天、谈心了。陈先开始消沉起来，在学校沉默不语，连他喜欢的足球训练和比赛也

不参加了，经常一个人呆坐着，也不知在想什么。

陈先原来在班上很活跃，成绩也不错，一进班级就被选为学习委员。可是自从这件事之后，他这个学习委员的学习却一落千丈，老师找他谈话，他沉默不语。渐渐地，他开始出没网吧，他觉得人间一切都很不可靠，只能在游戏里忘记现实，忘记自己。有一次他甚至夜不归宿。妈妈很伤心，老师很无奈，第二个学期开始，他就没有再当学习委员了，因为他的成绩已经落到了几十名。

直到有一天，他在街上看到一个人。这个人身体是畸形的，两只胳膊发育不良，还是鸡胸，这是个流浪汉。流浪汉在唱歌，歌声无比优美，陈先被深深震撼了，而在流浪汉的身边，他竟然看到了一本英文书！相比之下，自己有着健全的身体和头脑，却自甘消沉，在变故中被彻底打败了。陈先想了整整一个晚上，第二天一早，他比平时更早地去学校，一路上，他感到阳光特别灿烂，其实他明白，阳光一直都是如此，只是自己很久没有留意了。

案例分析

这个故事中，陈先经受了一场生活的变故，父母的离异严重打击了他的信心和对生活的热情，他开始感到人生不可靠。是啊，当自己最爱的人远离了自己，对谁都是心灵上的灾难。如果我们的内心不够强大，从这一挫折中，就需要花费相当长的时间才能恢复，甚至不能恢复。

在几个月的时间当中，相信陈先有很多的思考。会重新审视自己的人生，审视周围的世界，未尝不是一件可以积极看待的事情。只要我们有足够的力量去转化，坏事也能变成好事，因为一切事物都有两面，困难中都藏着财富，创伤可以成为一种动力。当我们的意志得到了更大的磨砺，心灵也就得到了锻炼，今后也能够承担起更大的责任。陈先在流浪者身上，看到的就是这种自强不息的精神，那样一种强大的内在力量无需言语，就已经教导了他，让他看到了别人所具有的积极的心理资本。于是，他也被鼓舞了，获得了从挫折中站起来的力量，增强了自己的坚韧力。而当他真的走出这个事情之后，相信他的信心、希望和乐观，也都会有很大提高。因为有一失必有一得，经历了大风雨的人，只要他不倒下，就一定会成为不一般的人！

行动指南

心理资本既然对我们现在和未来的生活都起到很大的作用，我们就应该时刻去培养正确的态度，开发相应的心理能力。那么，我们要如何培养和开发它们呢？

1. 自我效能感的开发

成功体验：想办法不断增强自己成功的体验，寻找一些力所能及的事情作为试点，努力获取成功。如果第一次行动成功，使自己增强了自信心，那么再照此办理，获取一次次的成功，随着成功体验的积累，我们就会越来越自信。

榜样示范：榜样是一种理想人格，以某位成功的个人为榜样，就可以领会他的立场观点方法。把榜样人物同自我高度融合，在具体问题面前，运用榜样的立场观点方法来认识问题、形成观念，从而指导支配自身的言行越来越成功。

积极的身体语言：我们的交流93%都是通过身体语言和语调。走路和站立的姿势挺拔、抬头、肩膀向后靠、目光专注、保持微笑、语速不要过快等，都可以让我们在心理上感觉更自信。

2. 希望的开发

目标设置：目标是一个人前进的原动力。一个没有目标的人，就没有进取之心，做事就没有力气，所以目标是很重要的。目标是方向，是发动机，能够带来希望。

有效激励：激励可以对我们的行动起激发、推动、加强的作用，可以调动我们的积极性和创造力，所以我们要自我激励，激发自动自发的活力。

寻求支持：我们可以从家人、老师、朋友处获得情绪支持、物质援助和信息。支持网络越大，我们就能够越好地应对各种来自环境的挑战，也就更有安全感，更容易保持希望。

3. 乐观的开发

宽容过去：过去发生的一切，都有它们的原因，因此，要接纳，要放下，这样才能释放情绪能量，眼光才能投向未来。

欣赏现在：活在当下，发展专注力，我们会从专注中得到快乐，而不用担忧过去与未来。

为将来寻找机会：对未来有所规划和准备，随时留意新的信息，可以让我们面对未来时更有把握。

4. 坚韧性的开发

积极思考：改变解决危机事件和度过消极经历的方式，发现其中的意义。

积极情绪：在挫折时期更要寻找快乐、积极的体验，这有助于提高自己的承受力。

自我提高：化障碍为力量，用自我提高来对待挫折。

附：

心理小测试：测测你的交友能力

下面的题目都有三个答案，分别是“是”　“不确定”和“否”，请选择你的答案。

(　　) 1. 当我年龄增长时，我发现事情似乎要比想象更好。

(　　) 2. 与我认识的多数人相比，我更好地把握了生活的机遇。

(　　) 3. 现在是我一生中最沉闷的时期。

(　　) 4. 回顾以往，我有许多想得到的东西均未得到。

(　　) 5. 我的生活原本应该有更好的时光。

(　　) 6. 即使能改变我的过去，我也不愿有所改变。

(　　) 7. 我所做的事多半是单调乏味和令人厌烦的。

(　　) 8. 我估计最近能遇到一些有趣而令人愉快的事。

(　　) 9. 我现在做的事和以前一样有意思。

(　　) 10. 我感到自己有些累了。

(　　) 11. 回首往事，我相当满足。

(　　) 12. 与同龄人相比，我曾做出过更多的愚蠢决定。

(　　) 13. 现在是我一生中最美好的时光。

(　　) 14. 我感到自己确实长大了，但我并不为此感到烦恼。

(　　) 15. 与同龄人相比，我的外表更年轻。

(　　) 16. 我已经为1个月甚至1年后该做的事制定了计划。

(　　) 17. 与其他人相比，我遭遇的失败次数太多了。

(　　) 18. 我在生活中得到了相当多的我所期待的东西。

(　　) 19. 不管人们怎么说，许多普通人越过越糟，而不是越过越好。

(　　) 20. 我现在和小时候一样幸福。

计分方法

题号	是	不确定	否
1	2	1	0
2	0	1	2
3	0	1	2
4	0	1	2
5	0	1	2
6	2	1	0
7	0	1	2
8	2	1	0
9	2	1	0
10	0	1	2
11	2	1	0
12	0	1	2
13	2	1	0
14	2	1	0

（续上表）

题号	是	不确定	否
15	2	1	0
16	2	1	0
17	0	1	2
18	2	1	0
19	0	1	2
20	2	1	0

得分在0~7分：你的生活满意度极低，在生活中你无法获得幸福感，很有必要找个思想成熟的人或心理专家为自己把把脉，重新勾画和设计一下自己的生活蓝图，调整自己的生活方式，以期让生活过得更好。

得分在8~15分：你的生活幸福感较差，日子过得不怎么样，这让你容易沮丧，情绪低落。你不妨检讨一下自己的观念，看看是不是目标太高，过分追求完美，或是自卑感让你日子难过。改变想法，也许感觉会有所改变。

得分在16~34分：你的生活状态一般，有喜有忧的日子使得你和多数人一样。

得分在35~40分：你有相当高的生活满意指数。你不一定就是富人或有地位的人，但你的心态很好，一个人能感到幸福是件不容易的事情，在这里向你表示祝贺，并希望你永远幸福。

小故事

最便宜的球员

1984年，21岁的大三学生乔丹来到了他向往已久的芝加哥公牛队，开始了他在NBA的生活。老板伦斯道夫给乔丹开出的年薪是80万美元，在NBA里，这是板凳球员的价格。

大男孩乔丹为了实现自己的价值，每天拼命地练球，有一次竟然累得晕倒在了球场上。然而，仅仅一年工夫，乔丹就苦尽甘来，脱颖而出了。在20世纪90年代初，乔丹在公牛队的年薪已经达到3300万美元，这差不多是其他队员薪水的总和。这时名动天下的耐克公司找上门来，请求乔丹赏他们个面子，为耐克产品做形象代言，报酬嘛不多，只有区区的9000万美元！当然，如果乔丹不愿意，价钱好商量。

耐克开了个好头，于是众多的厂家找上门来，往乔丹的口袋里猛塞钞票，一时间乔丹钱多为患。

在这种情形下，有人不高兴了，他们找到了公牛队的老板伦斯道夫，向他大放厥词：一年3300万美元，乔丹太贵了！

伦斯道夫的回答令来访者大吃一惊：乔丹不仅不贵，而且是最便宜的球员！你看，因为有了乔丹，公牛队已经三次夺得NBA的总冠军，也正因此，我们在各方面的收入已经达到史无前例的15亿美元，而我们付给乔丹的却只有区区的3300万美元！这绝对是NBA历史上最划算的生意，而这一切，全都是因为公牛队拥有乔丹！

那谁是最贵的球员呢？

伦斯道夫也顺便给出了答案：那些比赛时坐在板凳上等待替补机会的球员，他们每次上场几分钟或是几十秒，有些人整个赛季都没能为球队拿到一分，但是我们每年还要拿出几十万美元来养活他们，这些人才是最贵的球员！

思考题：

这个小故事说明什么样的人才会创造价值？你得到了什么启发？

第三节

自我定位

无所事事——对一个感情热烈的年轻人是很大的危险。

——车尔尼雪夫斯基

“时光如水无返时，立志当知今日始。”青少年的自我定位，就是在很好地认识和了解自己以后，要确立自己在社会上所处的位置和大概的行动方向，也就是要树立理想和目标，决心自己要成为一个怎样的人，成就怎样的事。

加里宁说：“无论哪个时代，青年的特点总是怀抱着各种理想和幻想。”什么是理想？理想是人们对未来想要达到的目的、目标或状态的合理的、有依据的想象。如何进行合理的、有依据的想象，并达到目的，却常常困扰着我们这些青少年学生。

理想是人们在学业成就、未来职业、道德人格、家庭生活等方面追求的目标，代表着我们对生命的一种盼望，反映了我们对生活的积极态度。一般来说，理想可以包括生活理想、职业理想、道德理想、社会理想等。理想的作用在于：

理想能够使你看清自己的人生使命；

理想能让你安排事情的轻重缓急；

理想能使你未雨绸缪；

理想能引导你发挥潜能；

理想能使你不虚度青春；

理想能为你提供一种自我评估的重要手段；

理想能使你认识到自己的价值。

所以，我们都应该让自己具备适合自己，又能燃起自己热情的理想。

小惠的故事

小惠从小就有一个梦想，将来长大了要当医生，拯救患难中的生命。她觉得医生是一个神圣和高尚的职业，每当她看到

电视剧里那些医生的时候，总有一种非常美好、亲切的感受。因为有这个志向，所以她决定将来考取国内比较好的医学院。她也知道竞争很激烈，所以在学校特别刻苦努力，成绩也名列前茅。

小惠的这个志向，家里却不是很支持。原来，她家里是做生意的，又只有她这一个独生女儿，父母希望她将来毕业后能够帮忙打理家里的生意。可是她偏偏对做生意一点兴趣都没有，也觉得自己没有这个细胞。现在她已经九年级了，眼看就要面临毕业升学，她的父母希望她初中毕业以后就不要读了，尽早帮助家里经营生意。怎么样选择才能更好地实现自己的人生价值呢？小惠很矛盾也很纠结！于是，她向班主任透露了这个烦恼。班主任也不希望这么优秀的孩子将来不能接受高等教育，就去了小惠家好几趟，苦口婆心劝说小惠的父母，让孩子上了大学后，再来选择自己的职业。小惠的父母虽然不是很情愿，但是也觉得不能耽误小惠在学业上的追求，于是答应她，先读高中，考上大学再说。小惠终于可以暂时松一口气了。

案例分析

这个故事中，小惠的自我理想和家人的要求产生了矛盾。父母往往是为孩子考虑，而且他们社会阅历较深，经验丰富，某些时候他们的话并不是完全没有道理，我们不能凭着青春期的叛逆，一味否定抗拒他们的意见。幸好有老师的调节，这次矛盾暂时化解。但以后也许还会出现矛盾，作为孩子，我们应该怎样做呢？

1. 锻炼你的能力，拿出成绩，让父母相信你

虽然，孩子在父母眼中永远长不大，但是，如果你做出了成绩，他们就很难反对了，反而有可能支持你！毕竟，大家都是在摸索当中。

2. 好好沟通，尽量避免争执

沟通，而且是直接沟通，双方坦诚相见，会有更好的效果。把你的想法和理由，如实如理又婉转地表达出来，让父母认识到你已经长大了，也考虑了很多，有自己的判断力，这样他们遇事也不得不同你商量，给你一定的话语权。

3. 检查你的理想

不可否认，理想与现实可能有一定距离，我们的理想在一定条件下，也许会改变。现在我们还年轻，还不一定能够确切地知道自己要什么，理想是什么，不能够很好地去分析前面的道路。所以，可以了解一些有用的信息，了解自己将来想要从事什么工作、进入什么领域，检查自己的学识、能力，必要的时候，咨询父母家人的意见。否则，很有可能凭着一时的冲动，一腔热血地冲向了陌生、艰难的境地，而因为当初违逆了父母的意愿，即使境况不好，也出于自尊不让他们知道，但独自奋斗，又看不到曙光。这样的弯路，最好不要走。

4. 选择了，就不要纠结

作为一个人，要学会选择，也要勇于承担选择后的结果，不管这个结果是好是坏。如果觉得，为了追求理想，可以不考虑家人的压力，那么，就义无反顾地走下去；如果在家人的压力下放弃了理想，那么，也不要总是心怀委屈，认为是家人妨碍了自己。要记得：选择，终究还是自己做的。

行动指南

如果你还没有找到理想，也还不清楚自己的人生目标，不妨试试以下的方法：

1. 先在你忙碌的生活中找出一个小时的完全空闲的时间。关掉手机，关掉电脑，关上房门，保证这一个小时没有任何打扰。这一小时只属于你，和你要找到人生理想这件事。你要记住，这可能是你人生中最重要的一个小时，你的生命可能因为这一个小时变得不同。如果一个小时的时间货币只能用来换一样东西，那么找到你的人生目标绝对是最值得的。

2. 准备几张大白纸和一支笔。

3. 在第一张白纸上的最上方中央，写下一句话：“这辈子活着是为了什么？”

4. 是的，接下来你要做的，就是回答这个问题。把你脑中闪过的第一个想法马上写在第一行。任何想法都可以，比如说：“赚很多钱。”

5. 不断地重复第4步。直到你再也写不出来为止。

是的，就是这么简单。尽管这个方法看上去很傻，但是它很有效。如果你想要找到人生目标，你就必须先剔除脑中所有那些“伪装的答案”。你通常需要15～20分钟的时间和过程去剔除覆盖在表面上的那些受到外界观念、主流思维影响而得出的答案。所有的这些伪装的答案都来自于你的大脑、你的思维，和你的回忆，当真正的答案出现时，你会感觉到它来自你的内心最深处。

对于从来没有考虑过这类问题的人来说，可能会需要比较长的时间（一个小时或者更多）才能把脑子里面的那些杂物剔除掉。在你写到50～100条的时候，你可能会想放弃，或者找个借口去做别的事。因为你可能觉得这个方法没有任何效果，你的答案很杂乱，你也完全没有想哭的感觉。这很正常。不要放弃，坚持想和写下去，这个抵触的感觉会慢慢地过去的。记住，你坚持下去的决定会将这一个小时变成你人生中最重要的一个小时。

当你写到第100个或者第150个答案的时候，你可能突然会有一阵内心情感上的涌动，但还不至于让你哭出来。这说明那还不是最终的答案。但是把这些答案圈起来，在你接下来写的过程中你可以回顾这些答案，这会帮助你找到最终的答案，因为那可能会是几个答案的排列组合。但无论如何，最终的答案一定会让你流泪。

附：

自我成长心理技术：石头的故事

当前，很多人不知道自己想要什么，不知道自己恐惧什么，也不知道自己为什么会这样做，那样做。我们通常说，他们迷失了自我。

自我是在什么时候遗失的？没有人会知道。也许是在童年，也许是在少年，这因各人的成长环境不同而有所不同。但是有一点是相同的：自我遗失的时刻，正是我们觉得真实的自我阻碍了自己的时候。也就是说，我们选择了一种与真实自我不同的应对方式，并将其固定下来，于是，真实自我被逐渐掩盖。

如果生活中没有错综复杂的关系，没有各种各样的斗争，没有因此而产生的烦恼，我们也不会轻易地迷失自己。这种迷失，就像是一颗小石头被扔进了一堆杂乱无章各种形状的石头中一样，它将很难被发现。

那么，应该要怎么样做才能发现自我，或者重新找到自我？自我对于我们来说是无形无体不可见不可触摸的。这个时候我们就可以运用“石头的故事”，用石头来代替自我。过程如下：

1. 收集一堆形状各异、大小不同的石头，最好有20颗以上，洗干净。

2. 找一个安静的独处时间，把这堆石子放在自己面前，先和它们静静相处10分钟。

3. 体会自己的内心，当心情逐渐安静下来之后，在这堆石头中寻找一颗小石头，这颗石头将代表你的自我，代表你自己。

4. 当你找到了这颗石头，这代表自我被重新发现。这时候，它就像是一个新生儿一般，需要别人来肯定其存在，以获得安全感。所以，你要给它取一个名字。取名的意义，代表接纳自我的回归，确定它的存在，并正视它，和它沟通。通过这些程序，逐渐找到让自己迷失的原因，并因此着手修复和完善。

5. 与这块石头沟通，可以和它说话，问你想问的所有问题，包括你的理想，也可以写一封信给它。

6. 如果你愿意，把它放在一个安全的地方，让它成为你的朋友，在你需要的时候和它聊聊，或者仅仅是看着它，关注它，体会它的存在。

小故事 发现自己

都快8岁了，他10以内的加减法还是算得一塌糊涂。父亲把正在墙根下玩打石头的他拽起来，给了他一个书包，说，上学去吧。

那年秋天，他蘸着黑墨水，在自己家的围墙上画了一个四角的亭子、几棵高树，还有一些波光粼粼的水。邻居说，这孩子画得不赖，将来当个画匠吧。他以为，他将来能当走村串户的画匠了，就有意无意地留心看画匠干活儿。那年，有一个人给他大舅家画墙围子，也画了一处水，还题了“桂林山水贾天下”几个字，他明知道那个“贾”字错了，但没敢讲出来。

就在他还不能确定是否能当画匠的时候，父母又发现了他的另一个“长处”。有一次他和隔壁的男孩儿，剪下许多猫猫狗狗的纸样，拿着手电钻进鸡窝里“放电影”。在浪费了好几节电池之后，父亲去公社找放映队的人，看能不能给他找个营生，哪怕打打杂、抱抱片子什么的都可以。后来公社倒是给了他们村一个名额，不过，不是给了他，而是给了村支书的儿子。

眼看当画匠无望，又当不成放电影的，父母盘算着该让他回家种地了，并预谋着要为他订下邻村的一个女孩儿。就在这时候，他竟然稀里糊涂地考上了县里的高中。父亲一下子发了愁——上吧，不但会误了田地的活儿，而且还会错过邻村的女孩儿，更要紧的是，村里边从来没有谁考上过大学，于是父亲坚信，自己家的祖坟也不会有这根草。父亲说，别上了。母亲见他支支吾吾的，说，上吧，走一步算一步。他考上了一所三流的专科学校。那时，学校办着一份自己的报刊，一个月要出一两期的，他常常见有同学的文章在上面发表。他想，在毕业之前，自己要完成一个小小的愿望，那就是一定要在校报上发表一篇文章，把自己的文字变成铅字。他开始疯狂地写东西，写完后，就拿去让教写作的老师看，得到赞许的，就投给校报编辑部。到后来，老师也不愿给他看了，他就埋下头来自己琢磨。他为此看了许多的书，也浏览了不少报刊。然而，投给校报的稿件都如泥牛入海。

他不想把这些凝聚着自己心血的文稿扔了，于是抱着试试看的想法，向本市的日报社投去了几篇，结果意想不到的事情发生了，他的文字竟然出现在了日报上。再后来，他的名字相继出现在了省内外的报刊上。从此以后，他在文学创作方面更加勤奋了，因为他发现，他还有着一项自己都意想不到的才能。

这个人就是贾平凹，他在一次笔会上讲出了上面的经历。讲完后，他颇有感慨地说，这个世界上的人，是被别人安排着过完一生，被安排着学哪门技术，被安排着进哪个学校，被安排着在哪个单位上班……却从来没有真正为自己安排一件事情去做。人在这时候，最需要有一只凳子，你站上去，才会发现，你还有着许多没有挖掘出来的才能和智慧。而这只凳子，就是突然闯进你心中的一个想法，一个念头。

最后，他笑着说，没有这只凳子，你永远看不到梦想，更别说拥有它。

思考题：

努力与梦想、命运，是什么关系呢？你现在的梦想是什么呢？

第四节

生涯规划

立志、工作、成就，是人类活动的三大要素。立志是事业的大门，工作是登堂入室的旅程。这旅程的尽头有个成功在等待着，来庆祝你努力的成果。

——巴斯德

所谓生涯，“生”就是活着，“涯”就是边际，“生涯”就是指人的一生，进一步是指人一生的发展道路。职业生涯则是指一个人一生工作经历中的一系列活动和行为。

作为青少年，我们要进行职业生涯规划，尽早认识自我、认识职业、认识教育与职业的关系，然后根据自己感兴趣的职业目标，积累自己的职业竞争力。如果我们能在中小学期间就对自己的兴趣、爱好、个性、能力有所了解，知道自己以后将从事什么职业，并对这一职业和涉及的专业进行一些探索和研究，那么，我们今后在选择专业和职业的时候就不会盲目，在职业生涯发展道路上也会少走很多弯路。

美国孩子从6岁就开始有了职业意识的开发，职业生涯发展指导贯穿小学、中学和大学，他们从小学开始就在为自己长大后要从事的职业做准备，并参加各种各样的志愿者活动、职业体验、兼职工作。然而，我国意识到如何实践自己人生理想的学生只是极少数。

与父辈们相比，我们的思维更敏锐，视野更开阔，情感更丰富，知识更宽泛，生活和学习条件更优越。可同时，我们过于强调自我，过于依赖，任性固执，学业不精，意志薄弱，尤其是普遍胸无大志，并且很少为他人、为将来着想。因此，非常需要学习人生规划这重要的一课。

王明的故事

王明是一个喜欢足球的男孩，他在上小学时就迷上了足球，初中以后，他还参加了校园足球队，可王明的爸爸却坚持不让他去活动，说是怕

影响学习，怕考不上高中，怕……今天，王明决心要说服爸爸，他希望走自己的路。于是他找出各种理由进行辩解。

“不行，不许去！”爸爸不软不硬的声音传来，王明立即像泄了气的皮球一样，倒在椅子上。拿起书本，他真想大声叫喊：“什么柳宗元、陶渊明，什么电流、电阻我都不要！我要踢球！哼！不让我去，我在家里也一样踢。”于是王明在家的门厅里踢起足球来。这一招果然灵验，妈妈急匆匆地赶来：“哎呀，你这个孩子，你就不想想，爸爸不是为你好吗？你不好好学习怎么考高中，考不上高中怎么考大学。不上大学……不上大学哪有好工作……”王明大声地说着：“妈妈你怎么就只知道让我考大学，成功的路不止一条。再说，我的学习也不错啊。踢球一星期一次，也就三个小时，我也应该轻松一会儿啊。就算我去考大学，人家也要多方面的人才，谁要我们这些戴着深度近视眼镜、榆木脑袋的‘书呆子’呀！”爸爸放下手中的活，终于开口了：“好吧！以后每星期六可以去踢球，但不能超过3小时。”

王明想：以后到底做什么呢？如果能和足球有关系就好了。这样想着，他陷入了深深的沉思。

案例分析

这小故事中，王明的要求是合理的，因为一个人的发展应当是全面的。父母培养孩子首先要发现孩子的特长与爱好，不能学“泥人张”，一味按自己的想法去塑造。父母应该要学根雕家。根雕家的艺术原则是发现、尊重根形的特点，然后经过艺术加工，使根形特点更为突出，更为生动，最后成为精品。所以，父母最好能够尊重孩子的兴趣和爱好。

而青少年自己，更应该为自己负起责任，要努力去发现自己的个人兴趣。“兴趣是最好的老师”，兴趣可使一个人的智能得到最大限度、最持久的发挥。一定要仔细观察，再选择一种比较适合自己性情及兴趣的才艺，但是不要一下子接触太多，要慢慢摸索。

在发现了自己的兴趣之后，把它和自己的职业生涯联系起来，通常不是那么容易的事情。思考自己一生的理想并进行安排，对于我们说，肯定有些困难，但是开始思考还是有必要和可能的。年龄小时，可以先有形象的榜样和美好的愿望，甚至可以有些积极的幻想；随着年龄的增长，知识的丰富，再逐渐地深化。有一个一生的总体的想法，对于统帅自己的时间安排是非常必要的。因此，王明可以经常思考这个问题，到了一定的时候，他就会把足球放在一个适当的位置上，或许成为职业，或许成为业余爱好，因为是他的兴趣所在，所以都会是很好的选择。

行动指南

青少年时期是人生自我设计的黄金期，及早设计人生才能实现理想目标。人生设计越早，成功基础就越扎实，那我们要怎样做呢？我们可以分以下几个步骤来进行生涯规划：

第一，分析自我。包括自己的兴趣爱好、气质、性格、能力特长、生理特征、价值观等，也包括家庭因素、教育因素等社会因素。

第二，分析职业。分析职业的社会需求，因为职业发展必须依赖社会环境。成功幸福的人生往往是领先超前或同步于、融合于当代社会发展大潮。

第三，确定目标。确认自己人生的理想和目标，即确认你自己应当成为什么样的人。

第四，制定计划。制定分阶段目标，和每个阶段的行动计划。总体来说，在不同的时期，需要实现的阶段性目标不同，实现目标的措施也不同。总目标可分解为技能学习目标、文化修养目标、职业目标、经济目标、生活目标、情感目标、政治目标等，目标越清晰，对目标的界定越明确越好。如一年之内读哪些书读多少书，一年之内在某一行业参加实践等。长期和短期的目标能保证人生大目标不沦为空想，并在一天天的推进中逐步落实。

附：

某高中生职业生涯规划书

一、引言

古语有云：志不定，天下无可成之事。制定职业生涯规划对于每个人，尤其是在校学生是非常重要的。只有当我们制定了明确的规划书时，才会有奋斗的目标和方向，才能时刻检验自己的所作所为是否正确，才能为自己谋得精彩人生!

二、自我分析

1．职业兴趣

我的职业兴趣是当一名贸易业职员，理想的职业岗位是企业计划营销部职员。我希望自己将来有一份有挑战性的工作，而且我也很喜欢贸易，企业销售部职员无疑是最佳选择。我现在是一名优秀的高一学生，希望高中毕业后能考上一所重点大学学习金融管理。

2．职业能力

我相信通过高中三年各个方面的学习，在金融专业方面，我的能力会得到极大的提高。并且我相信我能由衷地热爱这份职业，虽然我也喜欢生物方面的工作，但是，我觉得金融更适合我。

3．个人特质

我的个性比较温和，有耐心和极强的责任心，与同学相处融洽，也能够与陌生人进行良好的交流和沟通。我是一个交友广泛的人，我选择这个职业，希望可以认识更多的人，我也喜欢做成生意的那种成就和荣誉感。

4．职业价值观

我认为，无论从事什么职业，最重要的一点是喜欢并可以胜任这份工作。我的父亲也是做生意的，所以我可能受我父亲的影响，更喜欢这份工作一点。我认为做生意首先要讲诚信，许多成功的企业家，白手起家，靠的就是对客户认真负责、讲诚信的态度。

5．胜任能力

优势：

（1）责任心强，有耐心；

（2）人缘好，与周围的人相处融洽，有亲和力；

（3）热爱这份工作；

（4）努力，有决心。

劣势：

（1）对于这方面的知识较少；

（2）缺乏实际工作经验，社会经验。

三、职业分析

通过与家人的集体讨论以及在人才市场所作的调查，再结合自身的兴趣和能力，我对影响自己职业选择的因素和相关情况作了如下分析：

1．家庭环境分析：我出生在小县城，成长在都市，父母是普通商人，不存在为我安排好工作的可能，所以毕业后我必须自己找工作。父母希望我可以找份稳定的、待遇不错的工作，但我更喜欢有挑战性的工作。父母的工作职业对我也有一定的影响，我喜欢与人打交道，并且喜欢成功后的喜悦感。

2．社会环境分析：当前就业形势严峻，大学毕业生普遍出现找工作难的问题。刚步入高中的我应意识到竞争的激烈性：我们不仅要和同等学历的其他高校毕业生比，而且还要和专科学历，甚至研究生学历的人比。

3．职业环境分析：

（1）行业分析：贸易事业在国家发展中起至关重要的作用，它的发展状态是积极向上的，可以说是永远的“朝阳产业”。

（2）职业分析：经济贸易方面职业的工作环境较为复杂，对职员本身的专业技能和经验要求较高，社会地位和待遇都相对较好。存在的问题是，风险也比较高，竞争激烈，勾心斗角比较多。

（3）企业分析：贸易企业中，国有企业人力资源较好，管理和经营经验丰富，外部资源广阔。所以，国有企业经营风险较民营企业风险相对较低。

（4）地域分析：想选择深圳。第一，它是我的第二故乡，我成长在这个地方。第二，它作为最早的经济特区，从就业机会和资源方面来讲也是不错的选择，并且深圳靠海，离香港较近，交通发达，贸易往来频繁。

四、计划实施

我现在正就读高一，我的职业生涯规划总计划如下：

短期计划（高中计划）

高中毕业后考入重点大学。

高一主要打好基础，高二迎接会考拿到毕业证，高三全力冲刺高考。

高一适应高中为主；高二寻求好的学习方法，力争年级前五名；高三成为学校的本科指标。

2014—2018年中期计划（大学计划）

顺利毕业并找到工作。

学习为主，实习为辅。

第一年以学习为主，强化基础；第二年开始可以在校外兼职，锻炼自己的能力，增加社会经验；第三年，争取通过国家英语四级考试；第四年，争取拿到毕业证书和学士学位证书。

2018—2023年长期计划（工作五年计划）

在工作岗位上表现优异，获得提升机会。

适应工作环境并施展能力。

第一、二年适应工作环境，树立良好形象；第三、四年可以尽力发挥，以获得优异工作成果。

五、评估调整

职业规划是一个动态的过程，我们势必要根据具体情况的变化而进行评估和调整。

1. 评估内容：我的职业规划是在考上大学的基础上制定的，如果没有考上大学，那么我的计划将全盘落空，我不得不重新制定可行的计划。

2. 评估时间：我会定期半年检验自己是否做到规划上的安排。半年比较容易及时发现自己的缺陷和规划书的不足，可以及时改进一些错误。

小故事 乔布斯的大学

乔布斯在里德大学呆了6个月就退学了，但之后仍作为旁听生混了18个月才最终离开。他为什么要退学呢？

故事要从他出生之前说起。乔布斯的生母是一名未婚妈妈，乔布斯出生时她还是一所大学在读的研究生，于是她决定把乔布斯送给其他人收养。她坚持儿子应该被一对念过大学的夫妇收养，而且为他被一对律师夫妇收养做好了所有的准备。但在最后一刻，这对夫妇改变了主意，决定收养一名女孩，所以这件事并没有成功。乔布斯后来的养父母，并没有上过大学，但保证未来会把乔布斯送到大学。

17年后，乔布斯真的上了大学，但因为年幼无知，他选择了一所和斯坦福一样昂贵的大学。在6个月之后，他发现自己完全不知道这样念下去究竟有什么用。当时，他的人生毫无目标，也不知道大学能对自己有什么帮助。为了念书，还花光了父母的毕生积蓄，所以他决定退学。从退学的那一刻起，他知道自己再也不用去上那些毫无兴趣的必修课了，就开始旁听那些比较有意思的科目。他选择了一个书法班，想学怎么写一手漂亮的字。在这个班上，他学会了各种衬线和无衬线字体，如何改变不同字体组合之间的字间距，以及如何做出漂亮的版式。那是一种科学永远无法捕捉的充满美感、历史感和艺术感的微妙。他发现那太有意思了。

当时，他压根没有想到这些知识有什么实际运用价值。但10年之后，当他设计出第一款Macintosh电脑时，这些东西全派上了用场。

乔布斯说："当然，你不可能充满预见的将生命中的点滴串联起来，只有在你回头看的时候，你才会发现这些点点滴滴之间的联系。所以，你要坚信，你现在所经历的将在你未来的生命中串联起来。你不得不相信某些东西，你的直觉、命运、生活、因缘、际会……正是这种信仰让我不会失去希望，它让我的人生变得与众不同。”

思考题：

乔布斯为什么会从大学退学呢？你如何看待规划与随遇而安的关系？

第五节
时间管理

如果你浪费了自己的年龄，那是挺可悲的。因为你的青春只能持续一点儿时间——很短的一点儿时间。

——王尔德

生命就像一个鸟巢，时间就像是其中的小鸟。小鸟一只一只地飞走了，再也不会回来。当最后一只小鸟飞走，我们的生命就到了尽头。时间的供给丝毫没有弹性。东晋诗人陶渊明曾经写过一首诗：“盛年不重来，一日难再晨。及时当勉励，岁月不待人。”所以，时间是我们最珍贵的资源。

有人说，成功与失败的分水岭可以用五个字表达——“我没有时间”，也就是说，经常说这五个字的人，会是一个失败的人。为什么呢？因为他不会管理时间。

管理时间就是管理自己的生命。一个人要攀登事业的高峰，就必须要学会管理自己的时间。一个学生要想在学校生活中取得成功，同样必须会管理自己的时间。“少壮不努力，老大徒伤悲。”学生时代是一个人发展最快，增长能力最佳的时期，但不幸也是最不懂得珍惜时间、虚度青春的阶段。

时间是有限的，而我们要做、想做的事可以说是无限的。只有珍惜时间，管理好时间，才能主导自己的生命，实现自己今生的理想，才能满足自己和他人的要求，做到充实而不忙乱，有效而不焦虑。

燕子的故事

放暑假了，除了完成暑假作业，燕子同学决定读几本文学名著，如《红楼梦》《三国演义》《少年维特的烦恼》什么的，来充实一下暑假生活。不过呢，她没有什么计划，心想，每天抽点时间看看，应该不成问题吧？就这样，她完全凭自己的兴致，想起来就看一下。刚放假那几天，她就开始读《三国演义》，还挺认真的。看了几天以后，碰到她的同学小

雯。小雯问她在做什么，她说在家看书，小雯说："那你有没有看正在热播的一部电视剧呀？叫《家有儿女》，是情景喜剧，很好看噢！"那天回来，燕子看了几集这个剧，马上就被吸引住了，那里面的一个个小故事令人捧腹而又发人深思，真的很精彩。于是燕子不由自主开始每天追电视剧。暑假很快就要结束了，她忽然发现自己作业只写了一点点，《三国演义》也就看了开头那几页，别的文学名著干脆就没碰过。她迫不得已，日夜赶工，终于在开学前一天晚上把作业写完了，累得头晕眼花。她下决心，下一个假期再也不这么干了！当然，她也知道，这种决心她已经下过很多次了。

案例分析

燕子同学虽有阅读名著的美好愿望，但不会好好利用时间，也没有制定暑假计划，更缺乏严格的自我监督，最终她度过了一个没有意义的暑假，浪费了不少时间。

我们在学习和生活上，对时间的管理经常是低效的、无计划的和缺乏策略的，具体表现在以下几方面：

1. 缺乏时间管理的意识。每天只是被动地完成学习任务，缺乏计划性、自主性。学习长期处于"漫无目的"的随意状态，不会安排学习任务，也不会科学分配时间。有调查显示：只有18.6%的学生在新学期或寒暑假制定学习目标计划。表现之一是学习由老师推着走，老师怎么讲，就怎么听；老师讲什么，就学什么；作业留多少，就做多少，不留就不知道干什么。表现之二，就是像燕子这样，全凭一时的兴趣和情绪，朝三暮四，蜻蜓点水，一旦遇到干扰，往往半途而废。

2. 缺乏时间管理的方法。有一些同学意识到了时间的重要性，想提高自己的学习效率，也想在老师安排的课业之外，根据自身的情况合理、科学地分配时间资源，但是他们普遍缺乏适当的方法指导，不知道怎么管理，不会设置合理目标，也不善于根据任务的优先级来安排时间。

3．缺乏时间管理的意志。有些同学，他们理解时间管理的重要性，知道“一寸光阴一寸金，寸金难买寸光阴”，还为自己设置了具体的学习目标和计划，而且他们能够觉察自己是否有效地利用了时间，但是缺乏意志力，头脑的想法与实际行动存在很大差距，制定的计划总是无法坚持下去，明明知道不应该拖延却难以自制，这使他们常常会焦虑、矛盾和自责。

4．缺乏良好的外部环境。我国应试教育思想的根深蒂固，教师、父母过多的包办代替，把同学的时间安排得过满过死，使得同学们没有时间和机会，去尝试自主管理时间，当然就谈不上有时间管理的意识、方法和能力了。

行动指南

合理有效地安排自己学习时间的能力是非常重要的素质之一，学习时间管理策略是学习策略的重要方面。适合青少年学习的时间管理策略，可以从以下几个角度入手：

1．增强时间管理意识

唐代诗人李白有“弃我去者，昨日之日不可留”的名句。人的一生，时间是非常有限的。一生当中，大约有1/3的时间处于求学阶段，1/3多一点时间处于为社会服务阶段，最后1/3时间处于衰老阶段，其中如果去掉睡眠、娱乐、休息、生病等，有效的学习和工作时间是很短的。因此，一定要从小珍惜时间。我们如初升的太阳，正处于学习的黄金时代，所以一定要有一种紧迫感、珍惜感，要好好利用时间。

2．严格规定完成的最后期限

时间管理最重要的是珍惜现在，珍惜今天，做到今日事今日毕。李大钊曾经说过：“我认为世间最可宝贵的就是‘今’，最易丧失的也是‘今’。因为它最容易丧失，所以更觉得它可以宝贵。”要让学生明白：任何事情都要立足“今天”，运筹“今天”，并落实在“今天”的行动上。我们的每项任务都应该有最后的时间期限，这样我们才有紧迫的感觉，才会努力抓住当下。没有时间的要求，往往让我们觉得时间还很多，最终以先拖拉、后突击的方式匆忙完成任务。

3. 学会制定可行的目标

目标是行动的指南针。但学习目标的确定，受多种因素制约和影响，比如个人的兴趣爱好、各种主客观条件等。合理科学的学习目标应符合以下几点要求：

（1）目标必须自己订立，而不是来自老师、家长等其他人。自己参与的程度愈高，对实现目标的承诺愈重，我们就会愈努力。

（2）目标必须切合实际。实事求是地确立目标，对自己现有实际情况做一个比较科学的估计和预测。目标定得过低，轻易即可达到，不利于开发自己的潜能；目标定得过高，则可能成为空中楼阁。

（3）目标必须具体可测。例如，学生制定的目标可以是：在30分钟之内阅读一篇课文，能大致了解这篇课文的意思；通过一学期的努力，把数学成绩提高到90分以上等。

4. 自我奖励与监督

如果自己认真快速准确地完成了任务，就给自己一份小奖励，使自己有一种成就感。同时，如果在作业质量相同的前提下，前几天用了20分钟，今天只用了15分钟，就应该表扬自己一下。

5. 掌握时间管理的一些小技巧

这些技巧包括：

（1）学会列清单。把要做的每一件事情都写下来，这样做能让我们随时都能对头上的任务一目了然。

（2）遵循20比80定律。成功者花最多时间在做最重要、而不是最紧急的事情上，然而一般人都是做紧急但不重要的事。生活中80%的结果几乎源于20%的活动。因此，要学会区分轻重缓急，先做重要的事。

（3）做好时间日志。把每天花的时间一一记录下来，就清晰地发现浪费了哪些时间。只有找到浪费时间的根源，才有办法改变。

附：

心理小测试：你有时间观念吗？

你的时间节奏如何？下面的测试可以帮你测定你的时间紧迫感。每个题目都有三个选项：A．很少　B．有时　C．经常。

(　　)1. 约会迟到让我心烦。

(　　)2. 哪天忘记戴表，我就会不知所措。

(　　)3. 我很难空着两手什么事也不做。

(　　)4. 等人让我心烦。

(　　)5. 推迟完成任务使我不安。

(　　)6. 我把要做的事列成一览表。

(　　)7. 我约会守时，不会超过截止日期，和他人一起做事也很尽责。

(　　)8. 我喜欢在短时间内做许多事。

(　　)9. 当有几小时的空闲时，就会想怎么最有效地利用这段时间。

(　　)10. 如果要等待较长时间，我就会利用这段时间工作或读书。

(　　)11. 我喜欢把成块的时间用于做具体事务。

(　　)12. 我会随身携带记事本，记下要做的事。

计分方法：

选A的每题得1分，选B的每题得2分，选C的每题得3分，然后计算总分。

得分在12～19分：你时间观念淡薄，对生活中的时限要求不够重视。你这种散漫、没有紧迫感的态度，可能使他人失望。你应制定完成任务的时间期限，并努力做到不超期。

得分在20～29分：你有理智的时间观念，并在必要时有现实的紧迫感。

得分在30～36分：你正在成为一个强迫性学习狂或工作狂。应该学会分清事情的轻重缓急，放松自己，并学会劝自己把一些事情留到明天做。

小故事 重要的事

在一次商学院的时间管理课上，教授在桌子上放了一个装水的罐子，然后又从桌子下面拿出一些正好可以从罐口放进罐子里的“鹅卵石”，教授把石块放完后问他的学生：“你们说这罐子是不是满的？”

“是。”所有的学生异口同声地回答说。“真的吗？”教授笑着问。然后又从桌子底下拿出一袋碎石子，把碎石子从罐口倒下去，摇一摇，又问学生：“你们说，这罐子现在是不是满的？”这回他的学生不敢回答得太快。最后班上有位学生怯生生地细声回答道：“也许没满。”

“很好！”教授说完后，又从桌下拿出一袋沙子，慢慢地倒进罐子里。倒完后，又问班上的学生：“现在你们再告诉我，这个罐子是满的呢？还是没满？”

“没有满。”全班同学这下学乖了，大家很有信心地回答说。“好极了！”教授再一次称赞这些“孺子可教”的学生们。称赞完了后，他从桌子底下拿出一大瓶水，把水倒在看起来已经被鹅卵石、小碎石、沙子填满了的罐子里。当这些事都做完之后，教授正色地问他班上的学生：“我们从上面这些事情学到了什么？”

班上一阵沉默，然后一位自以为聪明的学生回答说：“无论我们的工作多忙，行程排得多满，如果要逼一下的话，还是可以多做些事的。”这位学生回答完后心中很得意地想：“这门课到底讲的是时间管理啊！”

教授听到这样的回答后，点了点头，微笑道：“答案不错，但并不是我要告诉你们的重要信息。”说到这里，这位教授故意顿住，眼睛扫了一遍全班同学，说：“我想告诉各位的最重要的信息是，如果你不先将大的‘鹅卵石’放进罐子里去，你也许以后永远没机会把它们再放进去了。”

思考题：

从这个故事中，你得到什么启发了吗？

第六章

面对生活中的风雨（问题解决篇）

第一节
明辨是非

没有智慧的头脑，就像没有蜡烛的灯笼。

——托尔斯泰

这个世界上存在着善与恶两种力量。为人们带来美好和快乐的东西是善的，给人们带来痛苦和烦恼的是恶的。关键是，有些东西，开始似乎带来快乐，最终却把人们带向痛苦，这就是伪装成善的恶。要辨别世界上错综复杂的善恶人物和事情，必须要有智慧，而这种智慧就是一种正确的价值观。

价值观，是人们通过经验或学习得出的一种认知、一种理解、一种判断或一种抉择，也就是一个人认定事物、判定是与非的思维取向。价值观对人们行为的约束和调节起着非常重要的作用。它会直接影响和决定一个人的理想信念、生活目标和追求方向，并最终决定了一个人人生的成功与失败。

因此，正确的价值观很重要。价值观就像航标，正确的价值观将带领我们到达光明的未来。而没有价值观，或者价值观颠倒、错误，我们的人生之船就必将走向搁浅。

当今社会日趋复杂，正误交杂，善恶难辨，很多歪风邪气在网络等媒体的推波助澜下流行起来，甚至连成年人都会受到各种不良影响，更何况心智还不够成熟的我们。

“少年智则国智，少年富则国富；少年强则国强，少年独立则国独立；少年自由则国自由，少年进步则国进步”，这是梁启超先生的名言。作为国家未来希望的我们，要有区分好坏、美丑、损益、正确与错误的标准。这样，在面对五光十色的世界时，才有能力把握正确的方向。

小叶的故事

女孩小叶正在念初二，个子高高的，人挺聪明，家里是做生意的，经济状况不错，对她的学习要求不高，反正也不指望她挣钱，就让她随便学学，将来能接管家族的一部分生意就行了。同学们都说，她也算一个小小

的富二代。小叶在家里也算是个乖乖女，可是在学校就不一样了。

上初一的时候，小叶认识了别的班的一个男孩子，那个男孩子家里也是做生意的，他们似乎有共同语言，经常一起玩儿，一起吃。有一天，这个男孩子神秘地对小叶说："在学校也太无聊了，不如咱们找找乐子吧！""找什么乐子？""跟我来！"男孩子带着小叶在学校的角落里，拦住一个低年级同学，说："给哥借点零花钱，不然小心挨揍！"小同学无奈之下，掏出了几元钱给他们。事后小叶觉得很刺激，就时不时来一次这种行动。

小叶的父母发现她口袋里多了些零钱，问清由来后，训斥了她几句，说她不该拿别人的钱，小叶就撒谎说是借的，过两天就还。就这样，她依旧和男孩子玩这种游戏。有一次，他们向一个男孩要钱，搜到男孩家的钥匙后，竟然跑到别人家中，拿走了2000元。事情败露后，小叶和男孩子被法院以抢劫罪判处有期徒刑1年，缓期执行，这时她和她的父母才追悔莫及。

案例分析

小叶和她的同伴，跟其他同学强拿硬要，属于校园暴力的一种。现在在有的学校里，经常会出现这种情况，一般因为钱物不多，被发现了多是批评、训斥几句，把钱物退还了事。因为这种现象比较常见，又没有相应的惩罚，所以实施这种行为的青少年也不认为这是多么严重的问题。实际上，这已经具备了偷盗甚至抢劫的性质了。等到他们养成了习惯，胆子大起来，索要的钱财多了，也就一脚踏入了犯罪的泥潭。这些学生中不乏一些学习成绩好的学生。因此，我们绝对要奉行"勿以恶小而为之"，第一次就不能尝试。

小叶的情况，就是不良行为最终导致违法犯罪行为的典例。不良行为产生的原因是多方面的，从心理因素讲主要有以下几个方面：

1. 不健康的个人需要。贪图钱财、追求高消费、虚荣心重，或者追求低级的性刺激等，都可能导致过错行为或品德不良行为。合理的、基本的心理需要，如自尊需要、情感需要、交往需要、成就需要等，长期得不到满足，也会导致青少年盲目寻找补偿和代替品，从而产生不良行为。

2．厌学等消极情绪。青少年应端正学习态度，珍惜青春年华，立志读书，报效祖国，服务人民。如果厌学，则后患无穷。为了逃避学校生活，他们轻则旷课逃学，重则中途离开学校，浪迹社会，容易被社会上不法分子利用。

3．人际关系不良。有的孩子缺乏家庭温暖；有的则被过分溺爱，养成自我中心主义，不能与同学和睦相处；有的同学与教师关系紧张，对立情绪严重；有的与集体关系不好，感到孤寂苦闷；有的学生在外另找“伙伴”，加入“团伙”等。这些人际关系的不良倾向，都可能成为产生不良行为的原因。

4．因好奇模仿不良行为。不良行为若未能得到及时地矫正，反而侥幸得逞，就会同个人私欲的满足进一步联系起来，经过多次重复，建立动力定型，形成不良习惯，从而成为继续产生品德不良行为的直接原因。如果小叶的行为能被及时修正，她也就不至于付出惨痛的代价了。

总之，未成年人产生不良行为的原因，主要是自我放纵和是非观念淡薄。人的行为是一个连续的从量变到质变的过程。聪明的人就是要学会自觉抵制诱惑和不良行为的侵蚀。

行动指南

大千世界，花花绿绿，有好有坏，有善有恶，令人眼花缭乱，怎样才能有一双火眼金睛，慧眼识别真伪美丑是非呢？这就要树立正确的价值观和良知，作为衡量万事万物的标尺。只有以善良正义作为人生的核心，坚持美好的理想追求，才能有力量面对诱惑时不软弱，面对错误时不盲从，让自己成长为一个是非分明、品德高尚、有所作为的人。

1．发展道德品质，学习法律常识

道德和法律都是社会生活中的行为规范，一个有良知的人首先是一个守法律、有道德的人，如果你能遵守法律和基本的道德规范，那么一定能被称为有良知的好人。良好的道德品质包括：智慧（知晓事情的因果规律）、稳重（有专注稳定的心）、勤劳（珍惜时间和生命去学习和工作）、知耻（经常自我检查行为的过失）、知恩（感恩父母师长和他人对自己的帮助）、利他（帮助他人就是帮助自己）、正直（诚实且表里如一）、守信（信守哪怕最小的承诺）、奉献（为别人付出自己的才能）等。

2. 选择做人榜样，树立远大志向

古今中外，贤德和明智的圣人、能人很多，我们应该以他们为榜样，见贤思齐，努力学习他们的品格，让自己具备他们的某些人格特征，学习他们的志向，找到自己的人生方向。同时选择善友，远离恶友，保证自己的行为没有过错。

3. 学会拒绝诱惑，防微杜渐

当今信息时代，国内国外的各种信息广泛传播，尤其一些侵蚀人们的思想，腐蚀人们的灵魂，激发人们的贪心、怨恨的信息，会严重毒害我们。所以我们要学会拒绝丑恶的、不健康的东西，不做损害道德和违反法律的事情，时刻警惕不良习气的侵入。

附：

心理小测试：你的自控力如何？

请选择你中意的答案。

1. 期末快到了，同学们都在进行紧张的复习，这时电视台在播出你喜欢的电视剧，你会（　　）

   A. 对电视剧忍痛割爱

   B. 看完电视再复习

   C. 放弃学习，看电视

2. 在寒冷的冬天，你（　　）

A. 每天都能按时起床

B. 偶尔睡一睡懒觉

C. 经常留恋温暖的被窝

3. 自习课上，同学们都在随心所欲地聊天、看小说，你（　　）

A. 一心学习

B. 一边看书，一边和同桌聊天

C. 随心所欲地玩

4. 在做作业时，朋友们喊你去玩，你（　　）

A. 委婉地拒绝

B. 匆匆忙忙赶完作业，再去玩

C. 立即丢下作业，飞奔而去

5. 当你心情烦躁，什么事也懒得做的时候，你（　　）

A. 也能坚持当日事当日毕

B. 勉勉强强应付

C. 把今天的任务推到明天

6. 晚上，你正在做作业，外面有人在打扑克、玩游戏，你（　　）

A. 专心致志地学习

B. 心猿意马地做作业

C. 不做作业，跑出去玩或看他们玩

7. 老师在上课，但你还有一本小说没看完，你（　　）

A. 聚精会神地听课

B. 边听课边看小说

C. 聚精会神地看小说

8. 你通常（　　）

A. 不管老师在不在都认真学习

B. 只有老师守着时你才学习

C. 老师盯着我，我也只装样子，不认真学习

9. 上课时你的同桌热情地想和你聊天，你（　　）

A. 不理他

B. 漫不经心地应付他

C. 和他聊天

10. 当学习和娱乐发生冲突时，你（　　）

A. 马上决定去学习

B. 先娱乐，再学习

C. 尽情娱乐，忘了学习

计分方法：

选A记5分，选B记3分，选C记0分。

得分在45～50分为自控力很强，得分在35～44分为自控力较强，得分在25～34分为自控力一般，得分在15～24分为自控力较差，得分在15分以下为自控力很差。

小故事　把枪口抬高一厘米

1992年2月，柏林墙倒塌两年后，当年守墙士兵因格·亨里奇被告上法庭。在法庭上，随着控辩双方的激烈辩论，当年东德士兵亨里奇射杀青年格夫洛伊的一幕，仿佛又在人们眼前浮现，真真切切。那一幕，让人们的心里溢满了感伤和悲痛。

柏林墙，是二战后德国分裂和冷战后的重要标志。1989年2月的一天傍晚，天空下着淅淅沥沥的小雨，大地笼罩在一片朦朦胧胧之中。东德士兵亨里奇正警惕地守卫在柏林墙东德一边。因为常有东德人翻越柏林墙偷越到西德去。此时，士兵亨里奇目光像鹰隼一样，警惕地守卫着。

突然，他发现有一个人乘着雨雾，鬼鬼祟祟地攀爬到柏林墙上，企图逃到西德去。见此情景，亨里奇毫不犹豫地举起手中AK-47冲锋枪，屏住呼吸，瞄准那个人勾动了板机。随着“砰——”的一声刺耳的枪声，只听一声惨叫，22岁的东德青年克里斯·格夫洛伊在企图偷越柏林墙时，被守卫士兵亨里奇开枪击毙。

事后，亨里奇还受到上司的嘉奖，成为了英雄。

没想到，仅过了几个月，1989年底，柏林墙被推翻，东西德终于回归统一。这道分裂国家的柏林墙，也成为那段不堪回首的历史见证。

当年士兵亨里奇因为射杀翻越柏林墙的东德青年格夫洛伊事件，遭到格夫洛伊家人的起诉，并被追究法律责任。

在法庭上，亨里奇的辩护律师称，亨里奇作为一名守墙士兵，他是在执行命令，作为一名军人，执行命令是天职，他别无选择。他在执勤时，发现了格夫洛伊企图翻墙偷越国境，在这种情况下，他只有开枪射击。如果要说是有罪，那罪也不在己。

听了辩护律师慷慨激昂的辩护，有的人在窃窃私语，也有的人在微微颔首。人们从心理上似乎默认了亨里奇是无罪的。因为他是一名军人，他这是在执行命令，他别无选择。

这时，法官西奥多·赛德尔面色严峻义正词严地反驳道：“作为军人，不执行上级命令是有罪的，这一点毋庸置疑。在这里，我想提醒大家注意的是，请不要忽视这样一个细节：作为一名军人，打不准是无罪的。作为一个心智健全的人，当你发现有人翻墙越境时，此时此刻，你在举枪瞄准射击时，你有把枪口抬高一厘米的主权，这是你应主动承担的良心义务！”

赛德尔饱含深情地接着说道：“在这个世界上，除法律之外还有‘良知’。当法律和良知冲突之时，良知是最高的行为准则，而不是法律。尊重生命，是一个放之四海而皆准的原则。”

法官赛德尔洪亮的声音，在庄严的法庭上回响，这声音像一枚重磅炸弹敲打在人们的心头上，给人以深深的心灵震撼。旁听席上，许多人的眼睛里闪烁着晶莹的泪花，更有人相拥而泣。

士兵亨里奇听到这儿，眼睛里顿时盈满了泪水，胸口剧烈地起伏着。看得出，他的内心一定经历着烈焰般地煎熬。他将目光投向格夫洛伊的家人，真诚地说了句“对不起，我错了”。然后，惭愧地低下了头，再也无力抬起头。

思考题：

你认为亨里奇做错了吗？如果是你，会怎么做？

第二节

应对挫折

人生的磨难是很多的，所以我们不可对于每一件轻微的伤害都过于敏感。在生活磨难面前，精神上的坚强和无动于衷是我们抵抗罪恶和人生意外的最好武器。

——洛克

俗话说，人生不如意十有八九。我们一生中，每个人都会沐浴幸福和快乐，也会历经坎坷和挫折。当幸福快乐时，我们感觉时间很短暂；而痛苦时，我们却抱怨着，度日如年。幸福和痛苦本来就是双胞胎，正是这些不如意才教会我们如何更坚强地活着，也正是一次又一次的挫折教会我们成长！

我们在通向目标的道路上，都会遇到障碍，当这些障碍看似无法克服，而又不能改变目标时，我们就会产生一种紧张的情绪反应，这就是挫折。自然因素，如无法预料或避免的天灾、意外、衰老、疾病、亲友的生离死别等，以及生活中来自经济、风俗、习惯、人际关系等方面的问题，都会带来挫折。

塞翁失马，焉知非福？碰到挫折，不要畏惧、厌恶。从某方面说，挫折对我们来说是一件历练意志的好事。唯有挫折和困境，才能使一个人变得坚强，变得无敌。挫折足以燃起一个人的热情，唤醒一个人的潜力，使他达到成功。没有失败的人生绝不是完美的人生。真正有成就的人，都是在经历了失败和挫折之后才取得辉煌成就的。

小敖的故事

小敖今年11岁，上小学五年级。他既聪明又活泼，是个热情有活力的孩子。从小，因为父母工作忙，他在家大部分时间都是与爷爷奶奶呆在一起，而他又是独子，所以自幼在爷爷奶奶的百般呵护下成长。爷爷奶奶视他为掌上明珠，爸爸妈妈也不多管他，于是他成了家中的“小皇

帝”，什么事别人都让着他，让他先挑，久而久之，他就养成了倔强、自我的个性。

上学以后，在学校里他也目中无人，我行我素，喜欢在同学面前耍威风，出风头。可是学校里，像他这样的“小皇帝”也不少，所以他经常与大家起冲突，脾气也愈加暴躁起来。时间一久，他不仅与同学关系不好，与老师关系也有点紧张，遇到一点挫折就大发雷霆，还经常赌气不做作业。

这个学期初，老师让大家自荐竞选班干部。小敖原先是体育委员，他想，自己做得不错，体育成绩又好，竞选连任应该不成问题。谁知事与愿违，投票时，很多同学都选择了另外一个看起来比较文静的男生。那个男生个头高，平时待人很温和。小敖大受打击，想起这件事就难受，于是在家里发脾气，他对爷爷奶奶说，不想去学校了。

案例分析

受到挫折后的常见感受有愤怒、焦虑、沮丧、攻击、冷漠、幻想、退化、固执等。这个故事中，小敖受到了竞选失利的挫折，但他个性比较强，因此除了愤怒、沮丧，还会在行动上表现为固执、拒绝上学等。

中小学生正处在心理发展的重要阶段，这也是个性形成的关键时期。我们想要追求美好的人生，但却摆脱不了理想化的色彩。我们为“追求”而发奋努力、拼搏，但却由于心理的稚嫩、脆弱、自我认识能力不强而在处理前进中遇到学习、人际交往方面的障碍时手足无措，最终导致心理失调和不平稳。

其实，在我们的日常生活、学习和工作中，遭受挫折是不可避免的，有挫折是正常的。挫折不一定是坏事，实际上，它有弊也有利。挫折的“利”包括，可以帮助我们更好地适应社会，能培养我们的意志力，提高我们对某些事情的认识水平。挫折的“弊”则是影响我们实现目标的积极性，容易导致自暴自弃，对生活失望。不能摆脱的挫折有损于我们的身心健康，而长期处于紧张、焦虑、矛盾冲突中，又会导致神经衰弱等问题。

我们不能够避免挫折，但是要增强忍耐挫折的能力，即耐挫力。一般说来，耐挫力与下列因素有关：

1. 生理因素：疲倦、睡眠不足和饥饿的人更容易体验到挫折感。

2. 社会经验：生活阅历丰富、从小受到适当教育和训练、学会摆脱挫折技巧的人，挫折容忍力就高。

3. 文化素质：不同文化背景下的人，对于同一事物的态度，所受到的打击、压力、威胁也就不同。比如，日本人的耐挫力就比较高。

4. 人格因素：情绪不稳定的人、意志薄弱的人、在童年时遭受冷遇的人或受到溺爱的人，如小敖，没有学会摆脱窘境的技巧，就容易遭受挫折。

行动指南

漫长的人生中，谁也不可能一帆风顺，难免要经历挫折和坎坷。被挫折历练后的人总是更顽强、更成熟、更勇敢，也就更能看到近在咫尺的成功，离成功也更近一步。我们应该勇敢地面对挫折，并努力从以下几个方面提高自己的耐挫力。

1. 培养远大理想，制定人生目标

人活着，总要有一定的追求和期望。我们要努力给自己确定一个发展方向，一个有价值的目标，这是我们学习和生活中的航标灯。有了航标灯，时刻在心中铭记着目标，在遇到挫折时，我们就更容易超越，并对自己进行有效的调整。有了一个执着的追求，可有效增强我们的耐挫能力。

2. 认知减压法

第一步：正视挫折。先客观地、毫不歪曲而诚恳地分析整个情况。

第二步：接受挫折。分析一下挫折已经带来或者未来会带来的可能发生的最坏情况之后，从心里接受它。

第三步：萃取挫折。分析挫折给自己带来的经验教训以及意义。

第四步：化挫折为行动。制定一个计划，用来超越或改善自己的状况。如班干部竞选失败，可以把注意力放在提高学习成绩上，发展其他的优势。

3. 劳动及运动减压法

“自古英雄多磨难，从来纨绔无伟男”，体验艰苦劳动或运动，耐挫折能力要在挫折中获得。从事各种体力劳动，或球类、田径类运动，或者其他感兴趣的活动如爬山等，是排解郁闷、培养积极乐观态度的好办法。

4. 阅读及社交减压法

阅读你喜欢的书籍、杂志转移注意力，或者看有关心理调适类的书籍，根据书籍的指导进行心理自我调节。参加多种群体活动，多与同学、朋友交流，开阔视野，释放紧张情绪。

附：

心理小测试：你的耐挫力如何？

这个心理小测试将帮助你了解自己的性格是否坚强。

（　　）1. 公路上发生一起交通事故，警察控制了局势，你：

A. 停下来打听情况，设法帮助

B. 袖手旁观

C. 继续走路

（　　）2. 就在你准备出去玩的时候，家里急需你留下，你：

A. 义无反顾地去玩

B. 非常不情愿地留下来，且满腹牢骚

C. 留下来，等有空的时候再去玩

(　　) 3. 你抱怨自己健康情况的习惯是：

A. 经常

B. 有时

C. 从不

(　　) 4. 在大街上发现某人不省人事，你会：

A. 赶紧离去

B. 设法帮助

C. 找警察或医生

(　　) 5. 当医生劝你注意休息，改变日常生活习惯时，你会：

A. 不予理睬

B. 减少日常活动

C. 原原本本地接受

(　　) 6. 很不幸，你在某件事上已失败两次，当别人劝你做第三次努力时，你会：

A. 拒绝

B. 满腹狐疑地再试一次

C. 先考虑一会，做一番研究，然后再做尝试

(　　) 7. 书读到精彩部分时，也到了睡觉时间，特别是第二天学习还需要全力以赴地完成，这时你会：

A. 接着读

B. 匆匆预览

C. 立即合上书，躺下睡觉

(　　) 8. 在某次聚会中，你突然发现自己的上衣或裤子破了，你会：

A. 赶紧回家

B. 极力掩饰

C. 请朋友帮忙，以摆脱困境

(　　) 9. 当确认自己被陌生人跟踪时，你会：

A. 撒腿就跑

B. 停下来和别人说话

C. 继续向前走，直到有人的地方

（　　）10. 当不幸将多年珍藏的东西丢失时，你会：

A. 精神、肉体受到极大打击

B. 很难过，到处去找同样的东西

C. 耸耸肩，重新开始，说不定有更好的

计分方法：

回答A得10分，B得5分，C得0分。

得分在50～100分：不是命运与你作对，而是你缺乏勇气，你应采取措施，勇于面对现实。

得分在25～45分：你能正视人生，应付自如，希望你能持之以恒。

得分在0～20分：你能完美地处理各种问题，从不向困难折腰，你是命运的主人。

小故事　周杰伦的故事

周杰伦14岁时父母离婚了。在单亲家庭里长大的他，从小是妈妈和外婆带大的。他3岁开始练习弹琴时，妈妈看出他在音乐上的天分，因此对他要求很严格。于是，童年的周杰伦被剥夺了玩的权利，所有的日子都是在钢琴边度过的。每次练琴的时候，一听到窗外同伴的嬉闹声，他就总是弹得心不在焉。于是，他母亲就拿着一根棍子，站在他后面，一直盯着他练完琴。他同样碰到了个很严厉的钢琴老师。只要一弹错，一不专心，就马上被打手背，小杰伦因此双手布满瘀青，这让他一度心生反抗，不想再学琴了。但是等他冷静下来，却又忍不住想弹琴，自己想了几天后，小杰伦不但乖乖地继续练琴，而且以后无论老师多么严格，再也没有动过离开音乐的念头。

杰伦是家中独子，个性内向害羞。父母离婚后，让他更加孤僻，不爱讲话，因此他的玩伴并不多。周杰伦考上台北淡水高中的音乐科后，因为弹得一手好琴，又很会打篮球，一下子成了学校里的风云人物，更是许多女同学心中的白马王子，这时候的杰伦才开始有谈得来的好朋友，而且在同学的鼓励下尝试自己创作歌曲，不少同学还抢着收藏。1996年6月，高中毕业后的周杰伦一时找不到工作，便只好应聘到一家餐馆当了名服务生。他每天的工作就是把厨师做好的菜送到餐厅，再由女服务员传到客人面前。

音乐救了他，给他带来幸运。有一位学妹帮他报名"超级新人王"这个台湾的偶像征选节目。该节目制作人后来和周杰伦联络上，要他参赛表演。但周杰伦不敢独唱，最后，他只能帮一位想当歌手的朋友钢琴伴奏，但表演得很差。当时节目主持人吴宗宪一直都在寻找新人。他看了一眼那个紧张的钢琴伴奏小子和歌声像乌鸦叫的歌手，心想，算了吧！吴宗宪说："我一点都不觉得好听，那个歌手唱得真烂，但当我从裁判的肩膀后头，看了一眼乐谱后，却立即惊为天人。"吴宗宪走到后台找周杰伦，签下他，让他专职写歌，一年半后，吴宗宪决定把阿尔发唱片的经营权交到他的朋友、同时也是歌手的杨峻荣手上，周杰伦才从幕后走向台前，成为偶像歌手。

1999年12月的一天，吴宗宪将周杰伦叫到办公室，十分郑重地说："给你10天的时间，如果你能写出50首歌，而我可以从中挑出10首，那么我就帮你出唱片。"周杰伦兴奋不已，跑到街上买回一大箱方便面。他想，就是拼了命，也要做最后的挣扎。因为他知道，老板给他的机会也许就这一次了。仅仅10天时间，周杰伦真的拿出了50首歌曲，而且每一首都写得漂漂亮亮，谱得工工整整。经过大半年时间的精心制作，周杰伦的第一张专辑——《JAY》制作出来了。一发行便一鸣惊人，不但唱片大卖，而且还一连夺得两届台湾流行音乐金曲奖的最佳流行演唱专辑、最佳制作人、最佳作曲人等大奖。从一名餐厅服务员成长为家喻户晓的当红小天王，周杰伦在接受美国《时代》杂志采访时说：“我之所以能有今天，就是我不服输的结果。”的确，一个人不想做退却的懦夫，就应该像蜗牛一样，一步一步地往上爬。

思考题：

从周杰伦的成长故事中，你受到了什么启发？在你自己的成长过程中，遇到印象最深刻的挫折是哪一次？该次经历对你有何影响？

第三节

面对危机

灾难本身即是一剂良药。

——考柏

危机是一种打断人们日常生活的突发事件。当危机出现时，人将突然之间要直面一种突如其来的处境，并面对人生无常的现实。

危机也是指这些突发事件带来的一种精神状态，是当我们面临突然的或重大的创伤（如灾害、丧亲、交通事故、暴力事件、失业等）时所出现的心理失衡状态。危机有很多种，包括：

天然灾害：如地震、水灾、台风等；

传染病流行：如SARS、禽流感等；

重大意外伤害事件：如空难、车祸、火灾、性侵害等；

重大失落事件：如失去亲人、失恋、父母失业、离婚或家庭暴力等。

随着社会的不断发展，引发危机的因素也在增多，危机现象不断地出现在人们的生活当中。如何坦然面对危机、正确认识危机、有效处理危机，是我们每个人都要面对的重要课题。除了需要掌握相关的知识，更多的是要树立危机意识，同时提高相应的心理素质。只有具备了应对能力，才能临危不乱，才不会被外在的事件摧毁，才能在人生的航程中顺利前进。

小如的故事

小如是一个11岁的小学生，在某市一所小学读书，最近，学校里发生了一件大事，对她有很大的影响。那是上个月的某一天，是周五，大家都很开心地盼着早点下课，放学回家。谁知事情就突然发

生了。中午1点多，一名10岁多的五年级男生从四楼跳下。听说，当男生的父母接到电话急忙赶到医院时，看到的只是儿子冰冷的遗体。小如当时在教室里休息，听到外面的吵闹声，她就跟着大家出去往下看，她们班的教室在五楼，小如和许多同学一样，看到了楼下那个男孩的惨状。然后就看到救护车呼啸着开来了，又开走了，只留下地上一大片血迹。同学们都很震惊，虽然他们经常从报纸上看到这种事情，但是这和自己亲身经历是两回事。下午的课几乎上不下去，学校干脆宣布提前放学。

后来听说，那男生是因为考了全年级倒数第一，接受不了要留级的现实而自杀的。一连好几天，小如闭上眼就看到楼下的血和那个男生的样子，她开始吃不好也睡不好，心里非常恐惧和紧张，学校里也人心惶惶，虽然学校请辅导老师安慰了大家，也开了班会，小如还是没法专心学习。她开始觉得学校是个很恐怖的地方，也不敢经过楼下，她宁可绕路，沿着教学楼的边沿走上楼梯。班里的同学也都不同程度地受到影响，大家上课时气氛也不像以前那么活跃了。小如真担心，这样下去自己会不会无法恢复正常状态了。

案例分析

在我们的生活中，总是会有意料之外的事情发生，有些是好的，有些是坏的，这就是人生。我们总是试图控制一切在平安、快乐的范围，但却总是失败，现实往往给我们上的是另外一堂课。这个故事中，小如所在的学校的同学，都受到了同一事件的影响，那些和自杀男生关系密切的同学，受到的心理伤害更大。

我们在成长过程中总难免有各种创伤，一些人顺利度过了危机，另一些虽然度过了危机，但留下了心理创伤，这种创伤在正常时看不出来，但下一次遇到较严重的打击，这些埋在心底的创伤就会再次浮现。还有一些人会因经不起强烈的刺激而自伤自毁，比如有的人在亲人去世后也会自杀，或者通过大量喝酒、不知疲倦地劳累等活动来伤害自己。更有少部分人因未能度过危机而出现严重的心理障碍。

人们对危机的心理反应通常经历四个不同的阶段。

首先是冲击期，发生在危机事件发生后不久或当时，表现为震惊、恐慌、不知所措。

其次是防御期，表现为想恢复心理上的平衡，控制焦虑和情绪紊乱，恢复受到损害的认识功能。主要的防御方式有否认（如说“这不可能”）、物质滥用（如喝酒、不停地吃东西）、攻击（如骂人）、行为退化（如不上学、不工作）等。

再次是解决期，表现为积极采取各种方法接受现实，努力寻求各种资源设法解决问题。

最后是成长期，表现为经历了危机变得更成熟，或获得应对危机的技巧。所以，只要应对得法，危机最终一定会过去。

小如现在处于防御期，她需要更多的帮助和通过自身努力来走向解决期和成长期。

行动指南

危机是同我们的生命共存的，即便我们不注意它们，假装它们不存在，它们还是会发生，让我们措手不及。既然如此，何不勇敢面对，把它们当成人生对我们的考验呢？而我们要应对危机，就要从以下几个方面入手，提前做好准备。

1. 接受人生的无常，树立危机意识

人生本来就是受很多因素影响而形成的一个综合运动状态，它在不停地出现变化。时间、空间、人们、事情等，很多因素、条件都是时刻变化着的，所以我们自己主观能够掌握的事情，总是很少的。没有永恒、永远的存在，变是唯一不变的东西。因此，出现任何事情，如果我们把它们看成是一种正常的自然的现象，就不会过于震惊。

同时，因为人生无常，所以危机也是时刻存在的，可以说在没有发生之前，它已经在潜伏，只是时机成熟就会爆发，所以，并没有什么事情是“突然”发生的，它们都有着由小到大、由微到强的过程。因此，平时就要注意防范。

2. 学习相关的应急知识

我们要了解一般危机事件发生时如何行动，如应对火灾、地震、拥挤、自杀事件时的相关知识和对策。同时也要了解心理危机，要了解此时不需要、也不必期待个人很快地从创伤中走出，这有一个过程。悲伤是正常，也是应该被允许的，而不是病态、不健康的。有些创伤也许终生都不会完全过去，当事人需要学会去与创伤事实相处。

3. 危机后采取有效的应对方法

以下的方法有助于自我恢复，当然，最好有心理老师的协助：

（1）讲述事情的经过和自己的感受，在故事中渐渐释放情绪和压力，并消除其影响；

（2）躯体锻炼，如适当的有氧运动，有助于释放心理压力；

（3）寻求社会支持，有父母、家人、好友的安慰和陪伴，则更容易度过危机阶段；

（4）每件事都有其意义，努力发现该事件对自己的意义；

（5）分散注意力，做一些自己喜欢和擅长做的事情；

（6）体验大自然，如去旅行等；

（7）冥想、想象放松等。

心理小测试：你的应变能力如何？

以下的问题，有一定的代表性，可以测出你对某些事情的反应和适应能力。

（　　）1. 你是否具备急救知识——哪怕最起码的急救知识？

(　　) 2. 你是否见血就晕，一时不能恢复常态？

(　　) 3. 你看护过病人吗？

(　　) 4. 在街上遇到事故时，你的反应怎样？

A．退避三舍

B．好奇而走近围观

C．看看自己是否有能力助一臂之力

(　　) 5. 假如你是事变的见证者，你是否能积极配合有关部门，陈述经过的情形？

(　　) 6. 假如有人衣服偶然着火，你会：

A. 拿水浇灭它

B. 替他把着火的衣服脱掉

C. 用毯子把他裹起来

(　　) 7. 你是否有适量的运动？如户外运动、步行、种花、家务劳动及正常的娱乐活动。

(　　) 8. 假如你遇到意外的打击，你会：

A. 感觉头昏眼花，不过几秒钟后恢复

B. 不知所措，以至数分钟之久

C. 一段时间内都处于伤感、悲痛之中

(　　) 9. 当他人叙述以往的经历或笑话时，你记忆的速度是否与其他人相同或略胜一筹？

(　　) 10. 你到了一个陌生的地方，以后能否作相当准确的叙述？

(　　) 11. 你对陌生人的第一次印象是否较为准确？

(　　) 12. 你是否有丰富的想象力？

(　　) 13. 你对下列各物是否有害怕之感？

（1）老鼠、蛇；

（2）黑暗和传说中的鬼神怪物；

（3）大象。

(　　) 14. 有些人在遇到危急的时刻会很镇静，你是这种人吗？

(　　) 15. 如果有人在匆忙中告诉你一件事，你能：

A. 记住一部分

B. 忙乱之中，一点也记不得

C. 完全记住

(　　) 16. 假如你去补牙，你有痛感，你会：

A. 马上告诉医生

B. 忍着痛，希望快点补好

(　　) 17. 你是否相信自己如果决意要得到一件东西，就一定能够得到？

(　　) 18. 过马路时假如你被夹在车辆之中，你会：

A．退回原处

B．仍然跑过去

C．站立不动

(　　) 19. 如果你是班长，你觉得很难使其他同学听从你的意见吗？

(　　) 20. 肉体上的痛苦和不舒服，你能忍受吗？

(　　) 21. 当你知道将要遭遇不愉快的事时，你会：

A．进入恐怖害怕的状态

B．相信事实并不会比预期更坏

(　　) 22. 如果将来有人给你介绍工作，你会选择：

A．工资中等而不需负责的

B．工资高但责任重的

(　　) 23. 当你要作出一项决定时，你会：

A．犹豫不决

B．果断

(　　) 24. 你肯对自己所做的一切负责吗？

(　　) 25. 假如你的友人突然带了一个你最不喜欢的人到你家里，你会：

A．表示惊奇

B．暂时忍耐，以后再把实情告诉你朋友

C．把你的感觉完全隐藏着

计分方法：

第1、3、5、7、9、10、11、14、17、20、24各题答案为“是”的话，每题得5分。

第2、12、19各题答案如果是“否”的话，每题得5分。

第4、6题选了C和第8题选了A的话，每小题得5分。

第13题（1）（2）（3）三小题，假如你的答案是“否”，每小题得2分。

第15题选了C、第16题选了B、第18题选了C、第21题选了B和第22题选了B的话，每小题得5分。

第23题选了B和第25题选了C的话，每小题得10分。

总分为136分。

得分在75~136分：你应付事变很有把握，而且你的自制力、勇气和机智都是超人的。

得分在30~75分：你对于一般的事变都能应付，你神经系统的反应正常而平衡，学急救也许对你有益，可以增加你的自信。

得分在30分以下：你必须留心自己，同时努力学习一点应变的常识和培养自己的自信。

小故事　依靠自己站起来

在美国，有一个经理，他把多年以来的所有积蓄全部投资在一项小型制造业，但由于世界大战的爆发，他无法取得工厂所需要的原料，只好宣告破产。

金钱的丧失、工厂的倒闭，使他大为沮丧。他认为是他把家人害得没有了这一切，于是他离开妻子儿女，成为一名流浪汉。过去的一幕幕时常在他的脑海里上演，他对于这些损失无法忘怀，老是徘徊在过去，不肯为今后的日子打算，而且越来越难过。到最后，甚至想要跳湖自杀。

一个偶然的机会，他看到了一本名为《自信心》的书。这本书的内容说的全是怎么样在你的生活、工作崩溃了以后，重新恢复信心，当他看完之后，决定找到这本书的作者，请他帮助自己再度站起来。

他四处打听，终于找到了这位作家。听完他的故事后，作家却对他说："我已经以极大的兴趣听完了你的故事，我希望我能对你有所帮助，但事实上，我却绝无能力帮助你。"

流浪汉听完后，脸立刻变得苍白，他默默地待了几分钟，然后低下头，喃喃地说道："这下完蛋了。"

作家停了几秒钟，然后说道："虽然我没有办法帮你，但我可以介绍你去见一个人，他可以协助你东山再起。"刚说完这几句话，流浪汉立刻跳了起来，抓住作家的手，说道："看在老天爷的份上，请带我去见这个人。"

于是他便跟着作家走到里边的卧室，作家把他带到一面高大的镜子面前，用手指着说："我介绍的就是这个人。在这世界上，你只有靠这个人的帮助才能够东山再起。但是你必须安静地坐下来，好好地看清楚他，彻底认识认识他，否则你只能跳到密歇根湖里。因为在你对这个人做充分的认识之前，对于你自己或这个世界来说，你都将是个没有任何价值的废物。"

他朝着镜子向前走几步，用手摸摸他长满胡须的脸孔，对着镜子里的人从头到脚打量了几分钟，然后退几步，低下头，开始哭泣起来。等了一会儿，他就走了，也没对作家说什么。

几天后，这个人终于出现在了街上，作家在街上碰见这个人时，几乎认不出来了：他的步伐轻快有力，头抬得高高的，他从头到脚打扮一新，看来是很成功的样子。

作家看到后，有点不敢相信自己的眼睛，走过去打了个招呼。当初的流浪汉很兴奋地说道："那一天我离开你的办公室时还只是一个流浪汉。我对着镜子找到了我的自信。现在我找到了一份年薪3000美元的工作。我的老板先预支了一部分钱给我的家人。我现在又走上成功之路了。"顿了顿，接着他又风趣地对作家说：“我正要前去告诉你，将来有一天，我还要再去拜访你一次。我将带一张支票，签好字，收款人是你，金额是空白的，由你填上数字。因为你使我认识了自己，幸好你要我站在那面大镜子前，把真正的我指给我看。”

思考题：

流浪汉是如何找回成功的力量的？这个力量是作家给他的吗？

第四节

发现行动力

人生来是为行动的，就像火总向上腾，石头总是下落。对人来说，一无行动，也就等于他并不存在。

——伏尔泰

人不能没有梦想，但有了梦想不去努力，不去行动，也是枉然。“行动证明一切”。任何的观点、想法，无论是多么的有根据，多么完美，经不起时间的检验，那就是不现实的。

世界第一潜能大师安东尼·罗宾认为：人生伟业不在于能知，而在于能行。只有行动才能给予你生活的力量与动力，这个世界总是以你所做的事情来衡量你，哪怕你的确是一个天才，也只能通过你的行动、你的成就来证明你的存在和实力。

行动，可以使你克服紧张，增加自信。一旦你开始行动，你便无所畏惧，只要你跨出第一步，便有勇气跨出第二步、第三步……只要你不停地向目标挺进，你最终会拥有自己想要的成就。行动，还可以帮你挖掘自身潜力。每个人都有巨大的潜能，它如一座巨大的冰山，潜藏于我们的体内。而我们利用和发挥出来的能量，不过是冰山一角。要实现潜能，只能依靠你孜孜不倦地行动。

尽管我们知道行动的重要性，可真正要行动的时候，却会遇到障碍，而这个障碍通常不是别人给你的，而是来自你自身。当今社会中的“拖延”，已经逐步升级为困扰青少年乃至成年人的一大问题。所有人都很清楚，拖延、拖拉是阻碍我们成功的绊脚石，但它却时常出现在我们左右。

洋洋的故事

12岁的洋洋是个独生女，今年七年级。她的家庭环境良好，父母均是大学生。母亲是公司高管，奶奶是退休教师。只是2岁半时，父亲外出创业，从那以后常年不在家，每一年只有一个多月的假期回家。她与母亲、奶奶、爷爷共同生活。由于母亲工作较忙，早出晚归，爷爷奶奶照顾她的时间更多，对她十分溺爱。

洋洋的自理能力比较差，平时早上起不来，都是妈妈把她从被窝里拽起来的，然后她就等着早餐被端上桌，由奶奶催着她吃完，再送她到车站。在学校，洋洋也是照样温温吞吞的，不管是写课堂作业还是平时单元测试，她的动作都比别人慢半拍。比如，课堂练习的时候，别人上台都做完练习了，她还连题都没抄完。在家里做作业的时候，她常常玩笔、画画，甚至发呆，也不愿意抓紧时间动手写作业。一个钟头之后妈妈再来看，发现她的本子上只写了几个字。每晚都要3个小时左右才能完成作业，比她的同学多一倍时间。所以，洋洋的成绩总是在中等偏下，老师说她其实很聪明，如果她能抓紧一点时间，一定会是个成绩很好的孩子。洋洋自己也知道，可是就是没有什么办法改掉自己这些坏毛病。唉，这样下去不是办法呀！

案例分析

这个故事中，洋洋的拖延症不是一朝一夕养成的，而是多年形成的。这同她的生活环境、内心的恐惧和焦虑都有很大关系。

1. 幼时不良习惯的养成

年幼的时候，洋洋动作缓慢不利索，母亲和奶奶很心急，常常是一遍一遍地催促，最后干脆帮她完成，于是洋洋就学会了等待，等着别人帮她完成任务，惰性也因此越来越强，没有自理的愿望，也没有责任心。随着她渐渐长大，父亲常年在外地工作，母亲担任了管理任务，工作更加繁忙，对她也没有很多时间监督和引导。上学以后，生活上养成的拖延习惯也带到了学习上，变成了学业上的拖延。

2. 完美主义，极度担心失败

害怕老师的批评、父母的责骂、爷爷奶奶的唠叨、同学的嘲笑，十分担心自己失败，总有一些非理性信念困扰，并非缺乏能力或不够努力，却永远停留在力求“完美”的准备当中，而迟迟无法开始执行。害怕失败，也害怕成功，因为成功过后意味着更高一层的要求和挑战，这会让洋洋焦虑，从而无法下决心开始学习。

3. 不擅长时间管理

洋洋时间观念淡薄，也没有掌握时间管理的好方法，做事情缺乏紧迫感，没有计划性。对此，应该树立时间观念，学习时间管理。

除了洋洋的这种情况，常见的拖延还有以下几种：

低兴趣拖延：对学习缺乏兴趣，没有找到学习的乐趣，觉得学习很枯燥乏味。

情绪化拖延：对某科老师有意见，或对父母有情绪，故意不做他们重视的事情。

困难性拖延：因学习任务太重太难，自己尚不能完全具备足够的技能，又不好意思寻求他人支持，怕别人看不起，干脆拖着，直到最后一刻胡乱完成一通。

行动指南

要战胜拖延，激发自己的行动力，必须采取有针对性的措施。

1. 确立明确的奋斗目标

我们上学的目的是什么？以后准备考哪一类大学？是名校？还是重点？还是普通高校？你会选择哪所大学？什么专业？你为什么要考大学？考大学对你的生活、你的生命意味着什么？你现在离你的大学目标还有多远？你现在最迫切的任务是什么？

因为只有清楚了这些问题，你才能真正找到自己努力的方向，才能更加明确自己心中的目标，才能为自己提供源源不绝的动力。

2. 确实下定决心，全力以赴

“想要”和“一定要”是不一样的。想要的，不一定会实现；而一定要的，往往能变成现实。很多人时常把下决心挂在嘴边随便说，今天说“我决定要这么做”，明天说“我决定要那么做”，后天又说“我决定要放弃了”，他们没有把下决心当作一件严肃的事情，他们所谓的目标也一定不可能实现。真正下定的决心是一种强烈的欲望，是一种矢志不渝的坚贞，是一种不管有多大困难与障碍也无法阻挡的锐气。如果你真正下定了决心，你的决心就会帮你到底，无论你遇到什么困难，也决不退缩，决不放弃，直到实现目标为止。

3. 给自己确定时间表

无论是对于你的人生大目标、核心目标，还是你的中短期目标，都要给自己一个时间限定，对自己的短期目标还要有一个量的限定。时间限定会让你的行动产生紧迫感，而量的限定会让你的行动产生成就感。制定科学的学习计划，会促使你不断采取积极的行动。

4. 要有约束机制和激励机制

无论做什么事情，想要真正在这一领域有所成就，你必须经历一段非常艰难而又无奈的时光，因为任何领域的成功，都不像玩游戏过家家那样简单。学业或其他事情上的成功都需要行动，而且是需要持续不断的行动。中小学生由于经历较少，挫折体验较少，自制力普遍较差。所以要想保证自己能够有持续不断的积极行动，需要有必要的行为约束机制和行为激励机制。约束机制就是规定自己可以做什么，不可以做什么，并自动遵守。激励机制是规定在自己完成某一小目标，或取得一点成就后对自己的奖励，这种奖励有助于体验成就感，增强自信心。

附：心理小测试：你爱拖延吗？

注意下面的问题，选“是”得1分，选“否”不得分。

（　　）1. 不到最后期限不写作业。

（　　）2. 在家经常在网上瞎逛，快睡觉时才开始忙学习。

（　　）3. 没工作计划，不懂时间管理。

（　　）4. 总是“伪勤奋”，白天可做完的事，总是拖到晚上再做。

（　　）5. 总是认为时间还有，不急。

（　　）6. 懒散，明日复明日，总想着明天再做。

（　　）7. 每当老师或家长询问学习情况时，都含糊其词。

（　　）8. 书包里零食一大堆，上课时间经常吃零食。

（　　）9. 要做事时，脑子里能冒出各种理由：现在先做别的事，这个稍后。

（　　）10. 经常想，还来得及吧，不行就通宵复习。

（　　）11. 处理问题不分主次，忙了半天，最紧要的事没做。

（　　）12. 经常因为时间过于紧迫，草草交差。

（　　）13. 别人怎么催，也定力十足，习以为常了。

（　　）14. 从不主动汇报学习或复习的进展。

（　　）15. 团队活动时，同学都面露难色，不愿和你一个组。

结果分析：

得分在0～4分：轻度拖延，要当心了，快点找到原因，将它扼杀在萌芽中。

得分在5～11分：中度拖延，它已经成为你的一种习惯，改变需要时间和耐力。

得分在12～15分：重度拖延，建议重新审视自我，找到学习的兴趣点和自己的长处。

小故事

把厕所打扫得比厨房还干净

查理·贝尔曾任麦当劳的执行总经理，负责管理麦当劳在全球118个国家多达三万余个餐厅的运营。翻开贝尔的履历，许多人生的亮点光彩夺目，而他深深铭记的时刻却是1976年，15岁的他迫于生计，到麦当劳求职。

那时，贝尔家境极其贫寒，于是他找到麦当劳店的店长，请求店长给一份工作。贝尔营养不良，瘦骨嶙峋，脸上没什么血色，浑身土里土气。店长看他这副模样，委婉地拒绝了他。说这里暂时不需要人手，希望他到别的地方去看看。

过了几天，店长没有料到，贝尔又来了，言辞更加恳切地请求他给份工作。即使是没有报酬也行。见老板没有吭声，贝尔感到了一点希望。他小声说："我看到您这里厕所的卫生状态似乎不是太好，这样也许会影响您的生意。要不，安排我扫厕所吧。只要给我解决吃住就行了。"店长没有办法，就答应了让贝尔扫厕所试试看。

扫厕所，在一般人眼中都是鄙视的，认为是没有出息的工作。可是，贝尔却认为这是他人生事业的一块最坚实的基石。

他每天清晨天还没亮就起床，把厕所彻底清扫一次。然后每隔一段时间就去维持。不久，他对扫厕所也摸索出规律：先把大的纸张扫了，然后洒干灰在那些湿脏的地方。让灰把水吸干，再扫，效果比直接扫好多了。记得有一次半夜，有人上厕所时，还看到贝尔睁着惺忪的眼睛在查看厕所是否弄脏了。

他还在厕所里摆放了些花草，让人在麦当劳的厕所中也能够欣赏美。另外，还把自己记得的谚语警句写了些贴在厕所的墙上，增加其中的文化气息。让人在方便的时候，可以感受文化的魅力。贝尔的所有心思全部放在厕所上。确实，他的到来，让那家店的厕所卫生状况大为改观，有人甚至说："比那些讲究的餐馆还要干净。"

经过三个月的考查，店长正式宣布录用贝尔，安排他去接受正规的职业培训。接着，店长又把贝尔放在店内各个岗位锻炼。19岁那年，贝尔被提升为澳大利亚最年轻的麦当劳店面经理。1980年，他被派驻欧洲，在那里，公司的业务扶摇直上。此后，他先后担任麦当劳澳大利亚公司总经理，亚太、中东和非洲地区总裁，欧洲地区总裁及麦当劳芝加哥总部负责人，直到后来担任管理全球麦当劳事务的执行总经理。

飞黄腾达的贝尔接受媒体采访的时候，从来不避讳自己当年扫厕所的经历。他说扫厕所是对他最深刻的教育：一件事，你可以不去做；可是如果你做了，就要全力以赴地去做。“一屋不扫，何以扫天下？”贝尔就是从扫好麦当劳的一个厕所开始，一直到当好全球的麦当劳执行总经理的。是啊，有了把厕所扫得比厨房还干净的敬业和执着，还有什么事情他做不好呢。

思考题：

关于行动的重要性，从这个小故事中，你得到什么启发？

第五节

积极心态

青春之所以幸福，就因为它有前途。

——果戈里

所谓心态，就是内心的想法和外在的表现。世界上的事，总有好坏两面。面对它们，我们可以选择不同的心态。当你只看到事物消极的一面时，你会自我设限，怀疑退缩，最终丧失机会；但当你换个角度，用积极的心态来看事物，事情就会立刻转向积极的那一面。

有什么样的心态，就有什么样的思维和行为，就有什么样的环境和世界，就有什么样的未来和人生。在你无限放大困难时，机会已离你远去，你会害怕、退缩，并且浪费时间，这样，你会错失最有利的时机。如果你的内心想法是积极的，你表现出来的便是积极的行为；但如果你内心的想法是消极的，那么你的行为也会是消极的。

成功的人都会转换心态，他们把挫折当成是积累经验，把压力当成前进的动力，把障碍当成是生活对自已的磨砺，他们觉得困难不是来阻拦他们的，而是来帮助他们成长的。面对困难甚至是灾难时，乐观的人想到的永远是自己拥有的，而不是只想着自己失去的东西并因此消极悲观。他们认为现在遭受的压力和挫折，都是一种积累，都在为将来成功做准备。

所以，如果我们想改变自己的环境，首先应该改变自己。假如你有积极的心态，你周围所有的问题都会迎刃而解。

明辉的故事

小学五年级的一次期末考试中，明辉因为贪玩儿，考得很不好，居然有3门课没及格。在家长会上，班主任张老师把学生的成绩向家长作了通报。会后，张老师对明辉的母亲说：“这孩子无药可救了，他哪是读书的料啊，我看呀，以后趁早在家里给他找个活吧……”明辉的妈妈差点气晕

过去，回到家后严厉地责骂了明辉，把老师的话又重复了一遍。明辉的心灵受到严重打击，感觉老师、父母和同学可能都会因此看不起自己。

第二学期开学后，他已经害怕去上学了，常常一个人躲起来。幸亏他还有个好朋友小吴，小吴对他说："老师这么说你是她的不对，你不应该自暴自弃，你应该加油，让她吃惊，让她后悔说出这样的话才对呀！"经过思考，明辉决定一定要学出个样子给张老师看看。于是，他开始日以继夜地学习，虽然基础有点差，但是他很聪明，进步很快。最后居然以班上第七名的成绩考上了一所好中学。毕业后，他还专门去看望了张老师，他说："如果当初没有您那句话，或许我今天真的更差了。谢谢您了！"张老师很不好意思，表示今后再也不会随意批评、伤害孩子们了。

案例分析

这个故事中，明辉遇到了老师的语言暴力伤害，自尊心严重受损，并因此产生了很多消极心态。消极心态就是一个人的欲望得不到满足时，出现的极度失望、压抑等情绪。青少年由于心理发展不完善，很容易产生消极心态。幸好有朋友的提醒，明辉转变了，他把挫折化为前进的动力，这时他所具备的就是一种积极心态，正是这种积极心态帮助他获得了升学的成功，也重新获得了尊严。如果他一直沉溺在消极体验里，恐怕真的会像张老师说的那样，没法成为"读书的料"了。

此外，青少年在学习和生活中还容易有这类体验：就是对一切都漠不关心，凡事都提不起兴趣，遇到事情时总认为自己肯定做不好。因而，也懒得去做，更有甚者还会感觉失望、压抑、精神不振、食欲减退、四肢无力等。这种消极心态，会时时干扰学习和生活。消极心态危害很多，会使人心情压抑、情绪低落、丧失斗志、放弃理想；消极心态严重的人情绪不稳定，身心也受到损害，易患多种疾病；此外，消极心态还会使人意志消沉，有时甚至会做出违法乱纪的事。常见的一些消极心态有：

1. 愤世嫉俗，认为人性丑恶，时常与人对立；

2. 没有目标，缺乏动力，生活浑浑噩噩；

3. 缺乏恒心，不晓自律，懒散不振，逃避责任；

4. 心存侥幸，不愿付出，却期待不劳而获；

5. 固执己见，不能容人，没有信誉，社会关系不佳；

6. 自卑懦弱，自我压缩，不相信自己的智慧；

7. 挥霍无度或吝啬贪婪，不能有效使用金钱；

8. 自大虚荣，清高傲慢，喜欢操纵别人，不能与人分享；

9. 虚伪狡猾，不守信用，以欺骗他人为能事；

10. 过分谨慎，时常拖延，不能当机立断；

11. 恐惧失败，害怕丢脸，稍有挫折就退缩等。

我们要对照自己，识别自己的消极心态并加以克服。

行动指南

我们在不同条件下都会产生某种消极心态，不要认为有了消极心态就是自己有什么“病”。消极心态每个人都会产生，只是每个人产生的程度不一样而已。重要的是用积极心态战胜那些消极心态。既然积极心态如此重要，我们要如何来培养呢？

1. 转变消极观念为积极观念

有时候，我们的消极观念束缚我们，使我们的世界看起来很灰暗。如“我学习不好”“老师不会喜欢我的”“我脑子不好使”等很多消极观念，都存在于我们脑海里。实际上，这些观念并不是真实的，它是可以改变的。改变的方法，就是转念。转念的步骤如下：

首先，写下你的消极观念，如“我学不好语文”。

然后，问自己，这是真的吗？100%是真的吗？这时，你很可能有点动摇了。

接着，问自己，如果我没有“我学不好语文”这个想法，感觉怎么样？通常你会觉得轻松、舒服多了。

最后，把这个念头反转，如“我能学好语文”，你会发现，这个念头也是有可能实现的。

多次重复练习，直到你相信新的念头为止。

2. 塑造积极的自我形象

运用想象的力量，在头脑中想象出自己的最佳形象。比如在全校大会上领奖的场景，想象你的穿着、举止，想象你的心情、你的感受，体会成功、喜悦的感受。如果你能经常维持这样的画面，不管你过去或现在是什么人，凭借积极的思维和想象，你就能变成想做的人。

3. 使用积极的语言

多使用肯定、正面、激励性的词语说话。如“我可以”“试一试吧”“也许能行”“加油”“你行的”“太好了”“太感谢了”等，并牢记在心，让它们成为你精神的一部分。积极的语言可以引导积极的心态，进而影响我们的思想和感情，并决定我们的命运。

4. 使用积极的表情和动作

经常微笑、直视别人的眼睛、和人交谈时经常点头、耐心地倾听、全身放松、经常运动，这些积极的外在表现，一定会为你带来周围人良好的反馈，而你也会因此更加积极。

5. 选择积极的环境

学会有意识地选择自己的环境，主动向积极的地方靠拢，多读励志书籍，与积极向上的人士为伍，用坚定的信念过滤身边的事物，抱定积极的心态。

附：

心理小测试：你的心态积极吗？

请用“是”或“否”回答下面的问题，每题答“是”为1分，“不是”为0分。

(　　) 1. 一旦你下了决心，即使没有人赞同，你仍然会坚持做到底吗？
(　　) 2. 外出消费时，如果得到的服务不好，你会找经理投诉吗？
(　　) 3. 你常欣赏自己的照片吗？
(　　) 4. 别人批评你，你会觉得难过吗？
(　　) 5. 你很少对人说出自己真正的意思吗？
(　　) 6. 对别人的赞美，你持怀疑的态度吗？
(　　) 7. 你总是觉得自己比别人差吗？
(　　) 8. 你对自己的外表满意吗？
(　　) 9. 你认为自己的能力比别人强吗？
(　　) 10. 你是个受欢迎的人吗？
(　　) 11. 你有幽默感吗？
(　　) 12. 危急时，你很冷静吗？
(　　) 13. 你与别人合作愉快吗？
(　　) 14. 你经常希望自己长得像某人吗？
(　　) 15. 你经常羡慕别人的成就吗？
(　　) 16. 你勉强自己做许多不愿意做的事吗？
(　　) 17. 你认为你的优点比缺点多吗？
(　　) 18. 你经常听取别人的意见吗？
(　　) 19. 你的个性很强吗？
(　　) 20. 你希望自己具备更多的才能和天赋吗？

结果分析：

得分在13～20分：你具有积极的心态，明白自己的优点，同时也清楚自己的缺点。不过，在此警告你一声：如果你的得分将近20分的话，别人可能会认为你很自大狂傲，甚至气焰太盛。你不妨在别人面前谦虚一点，这样人缘才会好。

得分在6～12分：你的心态比较积极，但是你仍或多或少缺乏安全感，对自己产生怀疑。不妨提醒自己，在优点和长处各方面并不输人，特别强调自己的才能和成就。

得分在6分以下：你的心态很消极。你过于谦虚和自我压抑，因此经常受人支配。从现在起，尽量不要去想自己的弱点，多往好的一面去衡量。先学会看重自己，别人才会真正看重你。

小故事

俞敏洪的故事

俞敏洪可以被定义为一个教人如何考试的人。同样，他自己也经历过很多考试，三次高考才考入大学，工作之后被单位处分，创业之初，经历了百般磨难。如今，在成立一家上市公司之后，俞敏洪最大的理想是办一所中国最好的私立大学。

前两次参加高考时，俞敏洪的英语成绩分别只有33分和55分，而那时他的目的也只是到常熟师范学校去读个大专，就连这样的愿望最后也没有达成。就在他几乎准备放弃时，县政府办了一个补习班，请来一位曾经培养出北大学生的老师来给学生补习英语，俞敏洪由于成绩不够，因而落选。后来，他的母亲知道了这件事，居然找到从教育局到江阴一中的所有相关人员，求他们给自己儿子一个机会。俞敏洪记得特别清楚，“母亲从城里回来的时候，刚好下大雨，从城里走到村里全是小路。母亲回来的时候浑身是泥，因为她摔在沟里好几次。”看到这个场景，俞敏洪产生了一种感觉，自己第三年是不可能不上大学的。

进了补习班之后，俞敏洪一改往日的自卑，被选为班长，并且努力而勤奋地学习。俞敏洪说："当你觉得拼命是一种快乐的时候，你的学习成绩不太可能上不去。"后来，俞敏洪的高考总分和英语分数都超过了北大录取分数线。

从北大毕业后，俞敏洪留校当了老师，而且一干就是7年。后来，俞敏洪因为自己考过了托福和GRE，就参与了一所民办学校的讲课辅导，却被学校严厉批评记过，成为校内的知名人物。由于在外面讲课拿到的工资比教书要多，俞敏洪决定离开北大。

若问起俞敏洪最喜欢什么，电线杆一定是答案之一。当年刚刚创建新东方的时候，为了宣传，他常常在电线杆上贴招生广告，结果是被居委会大妈一个个抠掉。发现这个是不正当的渠道后，俞敏洪就带人去把自己贴的广告抠掉，居委会大妈看这个人挺实在，还帮着他们把广告贴到广告栏里。

到了1995年，俞敏洪已经能够有机会出国读书，但当时学校的发展越来越好，他开始舍不得这个学校了。他是一个喜欢和许多人在一起做事的人，便决定到美国和加拿大请大学同学回来一起做。他带着北京"个体户"的身份来到了加拿大，结果却只游说回来三个人。

有一段时间，由于俞敏洪的朋友学习的都是西方管理文化，而他却成长在中国的传统社会，于是他和朋友间产生了一些管理上的矛盾。2002年，他作出了一个决定，任何人的亲属不得在学校任职。当时同事们还给了俞敏洪一个特权，因为他毕竟是创始人。可是极其重视感情的俞敏洪立即表态，将自己老婆的姐姐、姐夫全部调出。

新东方上市之后，俞敏洪被称为中国最有钱的老师。现在他的目标是打造一所中国最好的私立大学。俞敏洪的人生经历可以用一段话来诠释：世界上如此多的考试，很多考试我们必须参加，无可逃避，否则我们连进门的机会都没有。但我们生活中最重要的是，自己对自己的考试，如果我们战胜了自己的缺点和自卑，不管我们有没有参加考试，有没有拿到高分，有没有上大学或者出国，我们都会取得成功。

思考题：

从俞敏洪的奋斗故事中，你可以看到他有哪些积极的心态？你自己又有哪些积极心态呢？